1 Einleitung

Die hier vorliegenden Gedichte schrieb der Autor in der Altersspanne von 74 bis 78 Jahren. Sie spiegeln seine Erfahrungen und Lebenssicht zu diesem Zeitpunkt wieder. So sind sie ein Zug durch sein bis dahin gelebtes Leben. Entstanden sind sie ungeplant und spontan. Antrieb war lediglich der Drang, sie niederzuschreiben.

Danke dafür und dem Leser eine gute Zeit.
Wanda

Über den Autor Gottfried Seifert:
geboren am 28.02.1937 in Schlesien, Löwen
1945 - 46 Flucht der Familie nach Norddeutschland
1957 Abitur
TH-Studium E-Technik, Aachen
Theologiestudium, Bonn
† 13.11.2020, Münster

—— 2

Inhalt

Einleitung	1	Rückkehr 40	Das alte Haus 78
Inhalt	2	Beutegut Frau 41	Der Tod 79
Bewusst sein	4	Beuteschema Mann 42	Leben 80
Der Workoholic	5	Der Wartende 43	Tod 81
Das Image	6	Partnerschaft 44	Alterung 82
Das Alter	7	Dilemma 45	Verjüngung 83
Midlifecrisis	8	Autosuche 46	Advent 84
Der Tod	9	Die Liebe 47	Blattgeflüster 85
Das Ego	10	Der Irrtum 48	Weihnachten 86
Der Dummkopf	11	Opa 49	Weihnacht 87
Der Glaubende!?	12	Landung 50	Winterzeit 88
Der Mond	13	Jugendzeit 51	Jugend 89
Die Tiefe	14	Gottesfrage 52	Der Sommer 90
Der Egomane	15	Die Trümmerfrau 53	Sommerzeit 91
Der Zweifler	16	Das Leben 54	Hoffnung 92
Der Pessimist	17	Das Alter 55	Herbstzeit 93
Der Trinker	18	Die Schwangere 56	Der Winter 94
Dreimensch	19	Der Lebensweg 57	Der Herbst 95
Der Optimist	20	Der alte Gaul 58	Frühlingszeit 96
Reisen	21	Zukunft 59	Himmlisches 97
Durchblick	22	Lebensplan 60	Ostern 98
Heimat	23	Der Europäer 61	Die Sonne 99
Der Lebensfluss	24	Der alte General 62	Der Hagel 100
Der Soldat	25	Der alte Läufer 63	Der Schnee 101
Unterschiede	26	Lebensgang 64	Blattvariationen 102
Hass	27	Gleichheiten 65	Windhauch 103
Probleme	28	Jugend 66	Winter 104
Spaltung	29	Der Nachtschwärmer 67	Der Bauer 105
Prägungen	30	Die List 68	Der Metzger 106
Egoreich	31	Lebenslauf 69	Der Elektriker 107
Der Egomensch	32	Der alte Wolf 70	Der Schreiner 108
Der Geistesmensch	33	Lebensstrom 71	Der Polizist 109
Egosteuerung	34	Alte Linde 72	Der Angler 110
Die Rache	35	Altersfragen 73	Der Politiker 111
Politik	36	Ausstieg 74	Der Banker 112
Verwirrung	37	Lebenskraft 75	Der Bettler 113
Das Band	38	Gedächtnisschwund 76	Der Schmied 114
Der Eckstein	39	Die alte Mühle 77	Kellnerleben 115

Der Himmel ...116	Der Hase ...154	Der Stadtbaum ...192
Baum ...117	Schöpfung ...155	Der Pflasterstein ...193
Die Couch ...118	Schrank ...156	Der Schleier ...194
Bewegung ...119	Seelenlicht ...157	Die Schwalben ...195
Dach ...120	Der Vogel ...158	Der Sessellift ...196
Danke ...121	Hymne an den Spargel ...159	Die Wand ...197
Die Nadel ...122	Der Platzhirsch ...160	Der Stuhl ...198
Freiheit ...123	Sterne ...161	Der Sturm ...199
Der Fasan ...124	Der Schneemann ...162	Der Turm ...200
Der Hecht ...125	Tropfenfreund ...163	Die Ecke ...201
Der Held ...126	Die Blüte ...164	Die Sterne ...202
Sicht ...127	Wasser ...165	Die Stirn ...203
Die Mauer ...128	Die Kirchenmaus ...166	Geld ...204
Abschied ...129	Der Mond ...167	Die Wolke ...205
Der Tropfen ...130	Navi ...168	Haare ...206
Der Zug ...131	Die Socke ...169	Kabeljau ...207
Das Fahrrad ...132	Täuberich der Stadt ...170	Luft ...208
Die Zeit ...133	Ende einer Stadtmaus ...171	Die Jacke ...209
Der Affe ...134	Das Bett ...172	Brummerflucht ...210
Der Tiger ...135	Der Wind ...173	Sand ...211
Die Löwin ...136	Die Hose ...174	Stein ...212
Einsicht ...137	Das Brett ...175	Erde ...213
Die Sprache ...138	Das Haus ...176	Das Wasser ...214
Erdengang ...139	German Angst ...177	Der Flieger ...215
Das Feuer ...140	Die Straßenbahn ...178	Das Auge ...216
Fingerübungen ...141	Das Tor ...179	Das Erdreich ...217
Führung ...142	Das Rad ...180	Das Leder ...218
Der Kohl ...143	Die Straßenlaterne ...181	Der Eintopf ...219
Das Ei ...144	Der Abfall ...182	Der Leisten ...220
Himmel ...145	Der Adler ...183	Das Ohr ...221
Das Shoppen ...146	Der Hund ...184	Werbung ...222
Der Baum ...147	Der Igel ...185	Der Clochard ...223
Hölle ...148	Der Kopf ...186	Impressum ...224
Das Vögelchen ...149	Der Daumen ...187	
Der Fahrstuhl ...150	Der Mähdrescher ...188	
Der Eichbaum ...151	Der Mops ...189	
Der Fluss ...152	Der Regen ...190	
Fingerring ...153	Der Hering ...191	

Bewusst sein

Täglich muss der Mensch sich fragen,
wer hat's denn in mir zu sagen?
Da ist der Leib mit seinem Bauch,
Leidenschaft, Gier, Eitelkeit auch.
Das Ego steuert diese Welt,
hat sich in ihren Dienst gestellt.
Und ist deren Zeit gekommen,
wird vom Tod sie übernommen.
Doppelwesen Mensch dagegen
hat noch ein unsterblich' Leben.
Hier ist der Geist die Steuerkraft,
mit Seele, die das Leben schafft.
Tritt er in uns're Welt heraus,
drückt er sich in dem Körper aus.
Mental kann Mensch beide verbinden,
entscheiden wie sie Führung finden,
wobei er dem die Führung schenkt,
auf den er sein Bewusstsein lenkt.

Der Workoholic

Er lebt im Streß. Er hat Burnout.
Sein Kreislauf ist auf Sand gebaut.
Er hat Karriere einstudiert,
damit sein Leben funktioniert.
Die Welt ist ihm ein Hamsterrad,
in dem er keine Ruhe hat.
So hamstert er mit starrem Blick
nur gradeaus mit Tunnelblick.
„Ich halte durch" macht er sich Mut.
„Die Kohle stimmt. Mir geht es gut."

Das Image

In dieser Welt ist wirklich wahr:
Der Mensch stellt sich als Körper dar.
In welches Feld bin ich gestellt?
Und was erwartet diese Welt?
Wo will ich eigentlich noch hin?
Wie mach ich sichtbar, was ich bin?
Wie kann ich von Bedeutung sein?
Wie fang ich Anerkennung ein?
Das Ego prägt den Lebenslauf,
nimmt Wunsch und Fremderwartung auf.
Geh'n beide unter einen Hut,
dann läuft dein Leben wirklich gut.

Das Alter

Das Alter heißt Vergesslichkeit,
auch Siechtum und Gebrechlichkeit.
Es kann auch für Erfahrung steh'n,
gelassen auf die Welt zu seh'n.
Es prägt des Menschen Freud und Leid
in Kinder- und in Jugendzeit.
Es ist uns Ärger oder Last,
in jeder Lebensphase Gast.
Das Alter formt uns die Gestalt
und drückt sich aus bei Jung und Alt.
Die Zeit verändert die Gestalt.
Sie schreitet weiter, macht nicht Halt.
Das Alter ist ständig präsent,
egal ob man es anerkennt.
Wobei es für Entwicklung steht
und dass das Leben weiter geht.
Dabei ist es uns Freund und Feind,
bis uns das All mit sich vereint.

──── 8
Midlifecrisis

Steht die Natur noch voll im Saft,
glaubst du an grenzenlose Kraft.
Die Geist- und Seelenkraft sind jetzt
leicht in den zweiten Rang versetzt.
Wenn Physis in die Knie geht,
nicht voll mehr zur Verfügung steht,
dann fragt das Pferd auf seinem Ritt,
wer nun an Reiters Stelle tritt.
Wenn dann die Seelenkraft bestimmt,
des Egos Führung übernimmt,
findet des Menschen Leben Ruh'
und wendet sich dem Geiste zu.
Damit hat Mensch ein neues Ziel.
Das Leben liebt das Wechselspiel.

Der Tod

Er fragt uns nicht, nimmt, was er will.
Er naht sich unerkannt und still.
Er bringt uns Trauer oder Leid,
erlöst mit dem: „Es ist soweit."
Der Tod ist Kumpel oder Feind.
Ihn stört nicht, wenn man ihn beweint.
Er schließt ein Leben ab und sagt:
„Nun wirst du neu. Sei unverzagt."

_____ 10

Das Ego

Ego ist die zentrale Macht,
die unser Leben möglich macht.
Es bündelt uns're Lebenskraft,
damit sie Konstruktives schafft.
Sind Geist- und Wissenschaftspotenz,
sowie soziale Kompetenz
durch uns'res Egos Kraft geeint,
so dass ihr volles Licht erscheint,
dann kann das Ego hilfreich sein,
setzt es sich noch gestaltend ein.
Doch wenn es Selbstvergottung wählt,
wird es vom Leben ausgezählt.

Der Dummkopf

Dummkopf sinniert so vor sich hin:
Wie gut, dass ich ein Dummkopf bin.
Erwartungsdruck ist eingegrenzt,
denn keiner will, dass Dummheit glänzt.
In Ruhe kann ich bei mir sein.
Und dabei fällt mir langsam ein,
dass Klugheit zwar Bewegung bringt,
doch dass sie leicht zu Hektik zwingt.
So ruh ich in der Dummheit aus,
denn Hektik kommt mir nicht ins Haus.

Der Glaubende!?

Sein Wort ist: „Gott regiert die Welt.
Er hat mich da hineingestellt."
Der Glaubende vertraut auf ihn,
fühlt sicher sich geschützt bei ihm.
Der Zweifler aber widerspricht.
Den Gott als Lenker sieht er nicht.
Es ist vielmehr die Schicksalsmacht,
die Lebenswirklichkeit erdacht.
Dazu die Zähigkeit und Kraft,
die einen Lebenslauf erschafft.
Ob man Gott leugnet oder kennt,
ihm ist egal, wie man ihn nennt.

Der Mond

Man sieht ihn hoch am Himmel steh'n.
Er ist mal ganz, mal halb zu seh'n.
Und wenn der Mond sein Licht versteckt,
hat ihn die Erde zugedeckt.
Er ist der Sonne Spiegelbild,
stimmt unsere Gefühle mild.
Er regt die Fantasien an
und schlägt die Sehnsüchte in Bann.
Gelassen zieht er durch die Nacht.
Sie ist die Quelle seiner Macht.
Doch drängt das Sonnenlicht heraus,
macht Mann im Mond die Lampe aus.
Und dieses Mythenwesen spricht:
„Bis morgen! Und vergiss mich nicht."

Die Tiefe

Ihr Ende ist uns unbekannt
und in die dunkle Nacht verbannt.
Sie schreckt uns ab und zieht uns an,
ist Weltall oder Ozean.
Die Tiefe ist Gefahr und Glück.
Was du ihr gibst, gibt sie zurück.
Lass dich auf deine Tiefe ein.
Sie kann dir Lebensquelle sein.

Der Egomane

Der Egomane hat die Last,
dass diese Welt nicht zu ihm passt.
Wie sie auch ist, sie steht im Weg,
grenzt Ego ein auf Weg und Steg.
Sie legt sich quer wo sie nur kann.
Sein Anspruch kommt bei ihr nicht an.
So schneidet er sie sich zurecht,
doch manchmal geht das leider schlecht.
Dabei vermeidet er Verzicht.
Was ihm nicht passt, das sieht er nicht
und sagt bei schwindender Geduld:
Egal, das ist sie selber schuld.
Doch das ist nicht bei ihm nur Brauch.
Die Egomanin kann das auch.

16
Der Zweifler

Gibt diese Reise etwas her?
Oder ist sie vielleicht zu schwer?
Die Nase juckt. Was heißt das bloß?
Vielleicht geht eine Grippe los.
Bei dem in seinem Nachbarhaus
entstand ein Nasenkrebs daraus.
Die Freundin wünscht er sich zur Frau.
Bei dem Gedanken wird ihm flau.
Was ist, wenn er sie einfach fragt?
Doch dazu ist er zu verzagt.
Und bindet er sie an sich fest,
verliert er auch den letzten Rest.
Am Ende könnte besser sein,
er bliebe einfach ganz allein.
Der Zweifler sagt: „Bestimmt geht's schief."
Dabei ist er dann kreativ.
Was er allein für sicher hält:
Dass diese Welt nur Fallen stellt.
Stellt er das Handeln besser ein,
um frei von allem Druck zu sein?
Doch zieht er vor, gar nichts zu tun,
dann ist das leider auch ein Tun.

Der Pessimist

Der Pessimist trauert und klagt.
Die Lebenslust ist ihm versagt.
„Das Leben", sagt er, „schreibt mich ab.
Das drückt die Stimmung mir herab.
Ein Lebenstraum erscheint mir nicht.
Ich sehe Dunkelheit, kein Licht.
Das Leben ist ein Stolperdraht,
der wenig Perspektive hat.
Und strebt es eine solche an,
dann keine, die ich sehen kann."

Der Trinker

Die Flasche ist sein Elixier,
gefüllt mit Wein, Schnaps oder Bier.
Nicht der Genuss ist's, den er sucht,
es ist wohl eher Lebensflucht.
Er braucht den Pegelstand Eins Plus,
denn ohne ist er nicht in Schuss.
Der Geist wird außer Kraft gesetzt,
und durch den Alkohol ersetzt.
Der dämpft seine Gefühle ab,
ist für ihn ein Beziehungsgrab.
Bezug zum Leben hat er nicht,
weil Alkohol ihn unterbricht.
So ist der Trinker isoliert,
weil er ein Egoleben führt.
Er lebt mit Wirklichkeitsverlust.
Das bringt ihm in sein Leben Frust.
Und da er den ganz gern verdrängt,
wird er im Alkohol ertränkt.

Dreimensch

Als Leib erscheint er in der Welt.
Von Geistes Kraft wird er erhellt.
Und in der allertiefsten Schicht
glüht in der Stille Gottes Licht.
Der Mensch entscheidet was er liebt.
Wohin er seine Kräfte gibt.
Das tut er autonom und frei.
Das Individuum ist drei.

Der Optimist

Der Optimist beklagt sich nicht,
denn seine Zukunft liegt im Licht.
Probleme sind ihm hinderlich.
Die Lösung sucht er vornehmlich.
Fällt er mal hin, dann steht er auf.
Und weiter geht der Lebenslauf.
Was schwer ist, fordert ihn heraus.
Die Welt sieht für ihn sonnig aus.
Er sieht die Welt so sonnig an,
dass er sich auch verstolpern kann.
Denn setzt ein Hindernis ihn matt,
welches er übersehen hat
sagt Opti nur: „Das ist ein Mist,
der auch zu überwinden ist."

Reisen

Das Reisen gibt dir neuen Schwung
und deinem Leben Abwechslung.
Es reiset, der mit Neugier sucht.
Doch manchmal ist das Reisen Flucht.
Auch Wandern kann die Absicht sein,
in Gruppen oder auch allein.
Die Bildung ist ein Reiseziel
oder ein fernes Fußballspiel.
Die Reise hat so manchen Grund.
Sie ist entspannend und gesund.
Doch lass die Neugier zu dabei
und mach dich von dem Alltag frei.
Denn hast du diesen im Gepäck,
dann kommst du nicht so richtig weg.
Und was dir auch passieren kann:
Du kommst an deinem Ziel nicht an.

Durchblick

Es soll ein Wald, groß oder klein,
'ne Ansammlung von Bäumen sein,
welche in ihrer Dichte dann
unseren Blick verwirren kann.
Verlierst du deine Übersicht
und siehst den Wald vor Bäumen nicht,
dann denke an den Sachverhalt:
Wo Baume sind, ist auch der Wald.
Vertrau darauf und überleg,
aus jedem Wald führt auch ein Weg.
Bleib ruhig, mach die Augen auf.
Das Leben hilft. Verlass dich drauf.

Die Lebensbasis ging ihm aus,
so warfen sie ihn aus dem Haus.
Sein jetzt so wundes Lebensschiff
schlingerte um so manches Riff.
Ihm fehlten Tiefgang und ein Ziel,
das Leben trieb mit ihm sein Spiel.
Ein Horizont war nicht in Sicht
und auch ein Lebensstützpunkt nicht,
bis endlich sich ein Hafen bot,
der Anker wurde in der Not.
An den er sich verzweifelt band
und wo er Orientierung fand.
An diesem Anker hielt er fest,
baute darauf ein neues Nest.
Die Heimat ist das, was man liebt,
weil es uns Kraft und Ruhe gibt.
Und büßt du diesen Anker ein,
wirst du fortan ein Sucher sein.

23 ————

Heimat

Der Lebensfluss

Der Lebensfluss nimmt seinen Lauf,
wir halten ihn dabei nicht auf.
Mäandernd oder geradeaus,
vielfältig sieht das Leben aus.
Als Freund kann's scheinen oder Feind,
wenn es uns trennt oder vereint.
Doch stets zeigt uns das Leben an:
Verborgen hält es seinen Plan.
Sein Fluss entspringt im Niemandsland.
Manch Einer sagt, in Gottes Hand.
Ins große Meer mündet er ein,
es mag auch Gottes Wohnung sein.
Tauchst du in diese Wogen ein,
bist du bei Gott ... oder allein.

Der Soldat

Der Splitter traf das rechte Bein.
Das Amputieren musste sein.
Zum Kampfe zog er für sein Land
wo er auch Anerkennung fand.
Dann hat ein Splitter ihn verletzt.
Da wurde er nach Haus versetzt.
Hier stellte man ihn an den Rand.
Er fragt: „Was ist mit diesem Land?"
Am Tunnelende brennt kein Licht.
Für seine Arbeit taugt er nicht.
Nun geht er Schritt für Schritt voran,
weil er es halt nicht anders kann.
Da leuchtet ihm ein neues Licht.
Geh' weiter Freund! Verzage nicht!
Ich brauche, dass du mir vertraust.
Dass du auf meine Treue baust.
Sei mutig, laufe nicht davon.
Wir beide, Freund, schaffen das schon.

Unterschiede

Dem einen Menschen scheint die Welt
mit Hindernissen zugestellt.
Stets hält ihn irgendetwas auf.
Warum denn wohl? Er kommt nicht drauf.
Den Anderen stört das nicht sehr.
Für ihn muss eine Lösung her.
Ist es nicht jene, die er liebt
nimmt er, was ihm das Leben gibt.
Das Leben bietet vieles an,
wünscht sich, dass man es sehen kann.

Hass

Er brennt wie eine Feuersglut.
Der Antrieb ist Zerstörungswut.
Vernichten will er sein Objekt,
ob offen oder auch verdeckt.
Nicht rational ist sein Motiv.
Des Hasses Leidenschaft sitzt tief,
frisst sein Objekt mit Haut und Haar,
und oft den Hassenden sogar.

Probleme

Probleme sind, meist unbestellt,
die Hindernisse in der Welt.
Sie halten uns're Pläne an,
verschieben sie auf irgendwann,
verfügen über diese Macht,
die über unser Mühen lacht.
Doch sehen wir ganz unverstellt,
was uns da in die Arme fällt:
Die Hindernisse töten nicht.
Sie fragen nach der Lösung Licht.
Drum such die Lösung, Menschenkind,
dann fliegen sie davon im Wind.

Spaltung

Gesellschaftsbindung per Gesetz
und Geld knüpft das Beziehungsnetz.
Es ist des Lebens Antriebskraft.
Der Schmierstoff, der die Bindung schafft.
Es fehlt uns das zusammen Geh'n,
das füreinander einzusteh'n.
Das eins sich Fühlen mit der Welt,
das Staat und Volk zusammenhält.
„Was geht das mich an?", sagt man sich.
Im Zentrum steht das Wörtchen „Ich".

Prägungen

Die Vielfalt prägt das Leben aus,
formt einen Menschenleib daraus.
Instinkte, Triebgestaltung, Sucht,
Neigung zu Angriff oder Flucht.
Kultur und auch die Wertewelt
und was man von dem Jenseits hält.
Betreibt der Wille dann mit Macht
die Steuerung nachdrücklich sacht,
dann wächst Charakter in der Welt,
vom Leben in den Dienst gestellt.
Er baut es aus, so gut er kann.
Und selber wächst er auch daran.
Das Wachstum wartet, lass es rein.
Es wird dir Schmerz und Freude sein.

Egoreich

Des Egos Reich ist Wissenschaft,
Sozialfeld, kulturelle Kraft.
Da formt es die Persönlichkeit
bei sich und Umfeld durch die Zeit.
Die Werte wählt es aus der Welt
und aus der Seele Lebensfeld.
Sein Motor ist die Schöpferkraft,
die alle seine Werke schafft.
Und wenn die Welt auch Grenzen zieht,
im Inner'n klingt der Freiheit Lied.

Der Egomensch

Er ist zu Hause in der Welt,
vital und kraftvoll aufgestellt.
Ihn spricht die Welt der Sinne an.
Was er mit ihr erreichen kann,
nimmt er entschlossen in die Hand.
Er ist Gestalter in dem Land.
Was Geist und Umfeld unterstützt,
das nimmt er an, wenn es ihm nützt.
Was er gestaltet, was er kann:
Das Ego gibt die Richtung an.
Es steuert seine Willenskraft
damit sie seine Werke schafft.

Der Geistesmensch

Er nimmt die Welt von außen wahr,
Materie als flüchtig gar.
Und fragt man, wofür er sie hält:
Für einen Spiegel seiner Welt.
Sie ist Substanz für seinen Traum.
Als fest gefügt sieht er sie kaum.
Heimat ist ihm die Geisteswelt,
die diese Welt im Leben hält.
Die sie erschafft weil sie sie liebt,
ihr immer neue Formen gibt.
Wir nennen sie die Gotteskraft,
die immer neues Leben schafft.
Und der der Mensch zum Bau der Welt
sein Leben zur Verfügung stellt.

Egosteuerung

Ego ist die zentrale Kraft,
die Mensch sich für die Erde schafft.
Dem Leben hier gibt es Gestalt.
Es strukturiert und gibt ihm halt.
Es fördert die Persönlichkeit,
gestaltet Leben in der Zeit.
Dabei ist es dem Reich der Welt
und dem der Seele unterstellt.

Die Rache

Sie ist vorwiegend destruktiv,
sitzt in den Emotionen tief.
Verdeckt und offen kann sie sein,
stellt sich ganz auf den Rächer ein.
Gewalttätig, intelligent,
viele Wege sind es, die sie kennt.
Ob feinsinnig, ob rustikal,
ist ihre Wirkung ganz fatal.
Die Rache nimmt Gewalt in Kauf,
baut auf der Egotrennung auf.
Sie spielt dabei auf dem Klavier:
Was du mir tust das tu ich dir.
Doch stimmst du diese Noten an,
kann sein, dass der es besser kann.

Politik

Sie strukturiert die Lebenswelt,
hat sich in ihren Dienst gestellt.
Sie sorgt, dass die Gesellschaft lebt,
die Menschheit zueinander strebt
und in Kommunen, Ländern, Welt,
das Leben lebenswert erhält.
Politisch nennen wir die Kraft,
die Leben fördert, Einheit schafft,
wenn sie ein Menschenwesen treibt,
das dieser Pflicht verbunden bleibt
und sich ihrer Erwartung stellt,
nicht an die Egowünsche hält.
Doch spielt das Wesen Gockelhahn,
wird das Ergebnis egoman.

Verwirrung

Die Frau sinnt leise vor sich hin.
Ob ich bei dem wohl richtig bin?
Sein Auftritt harsch bis brachial.
Sein Unverständnis wird zur Qual.
Er fühlt sich wenig in mich ein.
Sollte da eine and're sein?
Sprech' ich ihn an, dann flüchtet er,
oder erklärt, er liebt mich sehr.
Ich halte das nicht länger aus.
Verlasse dieses stumme Haus.
Doch lasse ich den Mann zurück,
stört meine Sehnsucht neues Glück.

Das Band

Es ist ein Ding das Grenzen setzt,
das unterschiedliches vernetzt.
Das Band kann fesseln und es schützt.
Es ist uns lästig oder nützt.
Die „Bänder"gibt die Mehrzahl an.
Die „Bande" den Familienclan.
Die „Bände" ist der Bücher Zahl.
Die Räuberbande eine Qual.
Es ist das Band, was Bindung schafft,
oder es ist auch Sippenhaft.
Es macht dich stark und gibt dir Schutz.
Es fesselt dich mit Eigennutz.
Doch löst du dich aus seinem Bann,
weckt das die Frage: „Was kommt dann?"

Der Eckstein

Der Eckstein sagt: „Du bist mein Haus,
denn ohne mich kommst du nicht aus.
Ich trage dich mit meiner Macht,
erhalte dich in deiner Pracht.
Denn ohne mich gibt es dich nicht,
weil alles dann zusammenbricht."
Doch schließlich kommt der Zahn der Zeit.
Sein Nagen bringt dem Bauwerk Leid.
Das Haus fällt mit den Jahren ein
und ganz allein sieht sich der Stein.
Denn so ein Eckstein braucht ein Haus.
Das macht erst seine Größe aus.

Rückkehr

Er hatte sie mehrmals besucht,
und als Eroberung gebucht.
Ihr Eindruck war, wie es erschien:
„Himmel sei Dank, ich habe ihn."
Doch bald verlor er den Kontakt.
Das Fernweh hatte ihn gepackt.
So zog er suchend durch das Land,
wo er auch schöne Blumen fand.
Wo seine Kräfte er genoss
und sich viel Neues ihm erschloss.
Nach einem langen Slalomlauf
gab er das große Suchen auf.
Am Ende haben beide Recht.
So eine Basis ist nicht schlecht.

Beutegut Frau

Ist sie nicht richtig motiviert,
dann wird es schon mal kompliziert.
Entschieden sagt sie: „Jein, vielleicht",
„Versuch es doch" und „Stopp es reicht."
So sagt er sich bei einem Bier:
„Schwer zu verdau'n so'n Beutetier."
Ihm flüstert eine Ahnung ein:
Vielleicht musst du direkter sein.
Greift er dann zu, faucht sie ihn an,
sagt zähnefletschend, „typisch Mann".
Dazu fällt ihm nun nichts mehr ein.
Er kann schließlich nicht beides sein.
Doch ihre Augen sind entzückt.
Der Feldzug ist dem Mann geglückt.

Beuteschema Mann

Sie hat sich einen Mann gesucht
und ihn als Beutetier verbucht.
Zurückhaltung ist ihre Macht.
Die hat sie zum Erfolg gebracht.
Es ist die Offensivkraft Mann,
die sie so unterlaufen kann.
Die ihre Grenzen leicht verkennt,
und so ins off'ne Messer rennt.
Ist Mann dann erstmal auserwählt,
dann ist er auch schon angezählt.
Geht auf in ihrem Jagdrevier
und ist damit ihr Opfertier.
Am Ende sagt die Manneskraft:
„Sieh mich nur an. Ich hab's geschafft."

Der Wartende

Da sitze ich auf dieser Bank.
Das Warten macht mich langsam krank.
Das Treffen hier ist abgemacht.
Nun sitzt sie irgendwo und lacht.
Oder hält Schoppen sie im Bann?
Denkt sie einfach nicht mehr daran?
Oder liebt sie mich gar nicht mehr?
Ihr Blick war letzte Zeit so leer.
Das mach ich nicht mehr lange mit.
So kommt mein Leben aus dem Tritt.
Da kommt sie, sieht mich lachend an.
„Ich weiß Schatz, ich bin später dran."
„Mach dir nichts draus", schwärm ich sie an.
„Ich kam ja auch erst jetzt hier an."
Vielleicht war es ja auch ein Test.
Die Frauen geben mir den Rest.

Partnerschaft

Man findet sich um eins zu sein.
Man kann sich leiden, manchmal nein.
Man lehnt sich aneinander an.
Man denkt, dass man's nicht tragen kann.
Man wird dabei zusammen alt.
Man wärmt sich mal, mal wird es kalt.
Man strebt, dass man zusammensteht.
Man merkt, wie's manchmal halt nicht geht.
Man ahnt des Lebens letzte Frist.
Man spürt, dass sie bedrohlich ist.
Man merkt, wie man die Zeit vermisst.
Man fragt, wo sie geblieben ist.

Dilemma

Ein Mann sucht zaghaft eine Frau,
doch welche weiß er nicht genau.
Zu einem fällt ihm gar nichts ein:
Wie soll sie denn beschaffen sein?
Sucht er das Heimchen für den Herd?
Ist das vielleicht so ganz verkehrt?
Ist burschikos und flott sein Hang?
Oder ist das sein Untergang?
Sucht er ein liebevolles Herz,
das ihn bewahrt vor Leid und Schmerz?
Will er vielleicht des Weibes Bann,
der seine Kräfte wecken kann?
Vielleicht gar fragt er auch die Frau,
was er denn bei ihr sucht genau.
Doch dann sagt sich der arme Mann:
„Wer ist sie, die ich fragen kann?"

Autosuche

So ein Auto wird genommen,
um von A nach B zu kommen.
Doch es kann uns wahrlich quälen,
dieses Mittel auszuwählen.
Suchst du nach einem Zweisitzer,
diesem date-erprobten Flitzer?
Soll dich ein Geländewagen
kraftvoll durchs Gelände tragen?
Oder denkst du auf der Schiene
der Familienlimousine?
Willst du ein gebrauchtes haben,
dich an einem neuen laben?
Auch die Farbenwahl kann quälen
und die Marke ist zu wählen.
Es wird viel in Kauf genommen,
um von A nach B zu kommen.

Die Liebe

Ob Leidenschaft, ob Schutz der Welt,
ob auf den Partner eingestellt:
Die Liebe ist die Lebenskraft,
die Einheit stiftet, Bindung schafft.
In Seelentiefen ist ihr Nest.
Im Außen bindet sie uns fest.
Wirft sie dort ihren Anker aus,
dann wird ein Lebensbund daraus.
So fängt soziales Leben an,
Nomadendasein stirbt daran.
So findet Mensch seine Natur
und kommt dem Leben auf die Spur.

Der Irrtum

Sie hat sich ins Café gesetzt,
er hat den Nebentisch besetzt.
Er lächelt ihr gelassen zu,
ihr Gleichgewicht kommt aus der Ruh'.
Dieses Lächeln rührt ihr Herz.
Es zeigt auch einen Hang zum Scherz.
Still blinzelt sie ihn seitwärts an,
dass er es nur nicht sehen kann.
Sehr sicher stellt der Mann sich dar,
Die Haare steh'n ihm wunderbar.
Doch dieses Bärtchen ist zu klein.
Dazu fiel ihr wohl etwas ein.
Die abwartende Miene fragt,
ob sie die Offensive wagt.
Da gibt sie das Signal zum Flirt
und hat sich dabei nicht geirrt.
Nun lacht er sie noch freudig an.
Doch dieser wundersame Mann,
begeistert sich anstatt an ihr,
an dieser Schönen hinter ihr.
Ich gönne, denkt sie, dir die Maid.
Ich hatte ja eh keine Zeit.

Den Nachwuchs hat er abgehakt,
ist nicht von Pflegedienst geplagt.
Nach familiärem Kinderglück
kehrt nun die Zweisamkeit zurück.
Dabei hat er sich nicht geschont.
Sein Lebenslauf hat sich gelohnt.
Er brachte manche Abwechslung.
Sie hielt den Lebensstrom in Schwung.
Nun ist es dieser Ruhestand,
in dem er nicht nur Ruhe fand
und der ihn vor die Frage stellt,
was er von seiner Zukunft hält.
Er sieht nach vorn und nicht zurück.
Der neue Lebensplan bringt Glück.
Den Enkel hat er nicht geplant,
hat sein Erscheinen nicht geahnt.
„Du bist mein Opa", sagt der Wicht,
„und diesem Fakt entkommst du nicht".
„Mein Leben", sagt der, „hat viel Platz,
und du gehörst dazu, mein Schatz".
Das Opa sein fängt grad mal an.
Der Opa arbeitet daran'.

Opa

Landung

Ist Babys Landung erst geschafft,
aus mütterlicher Einzelhaft,
löst es ein Lebenstempo aus,
das beutet seine Eltern aus.
Laut schreit es, wenn es etwas will,
fragst du es was, dann schweigt es still
und lässt dir keine Ruh und Rast
bis du den Knopf gefunden hast,
der diesen Zwerg zur Ruhe bringt,
damit er in den Schlaf versinkt.
Das kann einmal der Hunger sein.
Doch auch das Wickeln fällt dir ein.
So eine Blähung wird zur Qual.
Und auch ein Bäuerchen schon mal.
Der Winzling weiß es selber nicht
Der Schrei ist das, wodurch er spricht.
Die Eltern stellen sich drauf ein.
Das kann auch Egoismus sein,
weil er, wenn er dem Schlaf verfällt,
den Eltern Nervenkraft erhält.
So wächst Beziehung mit der Zeit
aus Freude, aber auch aus Leid,
bewirkt, dass man den Kobold liebt
und glücklich ist, dass es ihn gibt.
Man hofft, dass dieser kleine Wicht
dann eines Tages auch mal spricht.
Doch tut er das, dann zeigt sich bald:
Ihn lässt die Elternsorge kalt.

Jugendzeit

Der Jugendliche strebt hinaus,
probiert dort seine Kräfte aus,
genießt und überschätzt sich leicht.
Er trotzt, wenn Widerstand nicht weicht.
Und wenn im Emotionenfluss
er mal kapitulieren muss,
dann bricht es aus ihm mit Gewalt,
vor Liebe, Frust, auch ohne Halt.
Ist es vorbei, ist er verletzt
und fragt sich traurig: Was kommt jetzt?

Gottesfrage

Wo kommt er her? Was ist sein Ziel?
Des Menschen Leben ist ein Spiel,
das diese großen Fragen stellt
und manchmal Antworten erhält.
Da wird die Religion gefragt,
was sie zu diesen Fragen sagt.
Ob Christentum ob großer Teich:
Die Antworten sind immer gleich:
Du kommst von mir, kommst zu mir hin.
Ich bin die Macht, die ich halt bin.
Bin ich dir Dunkel oder Licht?
Bin ich persönlich oder nicht?
Die Antwort kommt in dieser Nacht,
die Gottes Licht zum Tage macht.

Die Trümmerfrau

Krieger haben es zerschossen,
und dabei viel Blut vergossen.
Sie schlachteten es sorgsam aus,
machten ein Massengrab daraus.
Als dieser Krieg zu Ende war,
lag unser Land in Trümmern da.
Es war zum Neuanfang bereit.
Das war die Trümmerfrauenzeit.
Sie räumten diese Reste auf.
Ein neues Land erwuchs darauf.
So regelt Frau den Lebenslauf:
Gebiert, schafft Umfeld und baut auf.

Das Leben

Es dauert stets ein Leben lang
und geht beharrlich seinen Gang.
Dem Einen ist es nur ein Spiel,
dem anderen ein festes Ziel.
Mancher sieht auch: Sein Schicksal ist,
dass er nur fremdgeleitet ist.
Das Leben hat die Eigenschaft:
Der Eine gibt die Antriebskraft.
Ein anderer den Zielort an,
ein Dritter wie das gehen kann.
Fällst du heraus, steig wieder ein.
Es muss noch nicht zu Ende sein.
Erst ganz am Schluss fällt es uns auf:
Das Endergebnis von dem Lauf.
Wie schnell und langsam man auch rennt:
Hier wirkt die Kraft die man nicht kennt.

Das Alter

Das Alter heißt Vergesslichkeit,
auch Siechtum und Gebrechlichkeit.
Es kann auch für Erfahrung steh'n,
gelassen auf die Welt zu seh'n.
Es prägt des Menschen Freud und Leid
in Kinder- und in Jugendzeit.
Es ist uns Ärger oder Last,
in jeder Lebensphase Gast.
Das Alter formt uns die Gestalt,
und drückt sich aus bei Jung und Alt.
Die Zeit verändert die Gestalt.
Sie schreitet weiter, macht nicht Halt.
Das Alter ist ständig präsent,
egal ob man es anerkennt.
Wobei es für Entwicklung steht,
und dass das Leben weiter geht.
Dabei ist es uns Freund und Feind,
bis uns das All mit sich vereint.

Die Schwangere

Die neue Zeit entwickelt sich,
und manches ärgert nachdrücklich.
Der Köperzustand ändert sich
und das ist eher hinderlich.
Überall spannt er Tag und Nacht.
Es zeigt, dass Leben neu erwacht.
Es muss ein neues Auto her.
Des alten Größe reicht nicht mehr.
Auch neue Kleider müssen sein,
denn diese alten schrumpfen ein.
Sie stellt sich ein auf diese Zeit.
Der Start der Zukunft ist nicht weit.
Der Nachwuchs meldet Wünsche an,
die sie nicht übersehen kann.
Macht es sie traurig oder froh:
Der Mutter ging es ebenso.
Und ist der Winzling einmal da,
wird er ein Sonnenschein sogar.

Der Lebensweg

Der Lebensweg ist reich geformt.
Nach Straße, Gasse, Pass genormt.
Als Kreis gestaltet er sich aus,
mäandernd oder geradeaus.
Er bringt uns Liebe und den Neid,
auch Freuden oder Herzeleid.
Er gibt den Reichtum, macht auch arm,
lässt uns mal frieren, hält auch warm.
Das Leben ist ein Wechselspiel.
Es schreitet fort von Ziel zu Ziel.
Das eine hast du dann erreicht,
zum andern hat es nicht gereicht.
Fällst du mal aus dem Weg heraus,
steig' wieder ein, geh geradeaus.

Der alte Gaul

Mit Springen fängt die Jugend an.
Turniere halten ihn in Bann.
Als dieser große Krieg beginnt,
ist er noch fast ein halbes Kind.
Da lehrt man ihn mit harter Hand
zu kämpfen für das Vaterland.
Als er den Dienst beenden kann,
schirrt ihn der Bauer bei sich an.
Im Dienst am Leben geht er auf.
Nimmt manche Mühsalen in Kauf,
bis seine Kraft zu Ende ist
und er das Gras der Gnade frisst.
Nun fängt die Zeit der Ruhe an.
Er fragt sich, ob er das noch kann.
Sein Leben hat er nicht geschont.
Doch hat sich das denn auch gelohnt?
Die Frage lässt das Leben kalt.
Er weiß nur noch: Nun wird er alt.

Zukunft

Von Augenblick zu Augenblick
kommt mal die Trauer, mal das Glück.
Mein Leben ist ein Wechselspiel,
mal mit und manchmal ohne Ziel.
Das macht es bunt und es verwirrt.
Auch wenn der Geist sich mal verirrt,
gibt es mir Kraft und regt mich an.
So lang ich Zukunft suchen kann.

Lebensplan

Das Leben ist die stille Kraft,
welche uns immer neu erschafft.
Wir machen einen Lebensplan.
Doch nimmt das Leben ihn auch an?
Wird ein Plan mal angepeilt,
den das Leben dann nicht teilt,
baut es uns Hindernisse auf,
mit denen es den Lebenslauf
zu einem Richtungswechsel bringt,
der unser Umdenken erzwingt.
Der uns so vor die Frage stellt:
Was tun wir nun in dieser Welt?
Und starten wir den neuen Lauf,
geht manchmal die Erkenntnis auf,
dass unser Ego mit Verdruss
sich immer neu erfinden muss.
So helfen wir der Lebenskraft,
die immer neues Leben schafft.

Der Europäer

Der Europäer, sieht man leicht,
hat einen Wendepunkt erreicht.
Die Ahnen schufen ihm das Haus.
Er baute es beharrlich aus
und hat mit seiner Schöpferkraft
den Weg zur Weltherrschaft geschafft.
Doch heute bröckelt seine Macht.
Andere sind vom Schlaf erwacht,
steigen rasant die Treppe rauf
und holen das Versäumte auf.
Sie übernehmen diesen Stab,
den ihm der Ahne übergab.
Der Europäer aber fragt,
warum sein Vorrecht nun versagt.
Er mag es wollen oder nicht,
die Rücksicht nimmt das Leben nicht
und ein Erneuern seiner Macht
erfordert, dass er neu erwacht.
Und dass er nicht sein Ego hegt,
dafür seinen Gemeinsinn pflegt.

Der alte General

Die Orden trägt er voller Stolz.
Sein Antlitz ist geschnitztes Holz.
Die Strategie ist diese Welt,
die sein Gehirn lebendig hält.
Die Männerwelt hat ihn geprägt.
Ihr huldigt er weil sie ihn trägt.
Dass sich das ändert fällt nicht leicht.
Er hat den Ruhestand erreicht.
Die Uniform liegt noch bereit
für seltene Gelegenheit.
Da zeigt er sie mit Stolz noch her.
Zufrieden macht ihn das nicht mehr.

Der alte Läufer

Für ihn ist Laufen eine Lust.
Es stärkt und reduziert den Frust.
Ausdauernd läuft er und nicht schnell.
Es ist für ihn ein Lebensquell.
Den Marathon läuft er schon lang,
nachhaltig und im Mittelgang.
Nun sind die Kräfte reduziert.
Es stört ihn nicht, wenn er verliert.
Ihn treibt nicht einfach Ehrgeiz an.
Er tut pragmatisch, was er kann.
Nur dass es ihm Erfüllung gibt
und dass er dieses Laufen liebt.

Lebensgang

Ein Mensch erblickt das Licht der Welt,
hilflos in sie hineingestellt.
Der Neuling schließt die Augen zu.
Sagt: lasst mich mit der Welt in Ruh.
Sie ist so neu und viel zu groß.
Haltet mich warm in eurem Schoss.
Dann geht er schließlich seinen Gang.
Zieht seine Spur ein Leben lang.
Ob kurz ob lang, das weiß er nicht.
Mal sieht er Dunkelheit, mal Licht.
Und dann holt ihn das Ende ein.
Es kann erfüllt, auch einsam sein.
Es sagt ihm Kind nun hast du Ruh'.
Mach wie beim Start die Augen zu.

Gleichheiten

Es sagt der Vater zu dem Sohn:
„Mein Kind, vielleicht weißt du es schon:
Ein Rätsel wird die Frau genannt.
Vertraut, und doch so unbekannt.
Hältst du sie fest, entzieht sie sich.
Lässt du sie los, verfolgt sie dich.
Du haßt sie, dann gefällt sie dir."
„Ja, Vater, sie ist so wie wir."

Jugend

Der Jugendliche stimmt sich ein,
von Kindheit zu Erwachsensein.
Das heißt Verlust der Kinderzeit.
Erwachsen sein ist dann noch weit.
Doch sein Potenzenspeicher stellt
sich um auf die Erwachs'nenwelt.
So pendelt er von Pol zu Pol.
Wo will er hin? Wo ist er wohl?
Stellt sich auf seine Kindheit ein,
will kurz danach erwachsen sein.
Er sucht die noch versteckte Kraft,
die in ihm endlich Ruhe schafft.
Und hat er diese dann entdeckt,
ist der Erwachsene geweckt.

Der Nachtschwärmer

Er taumelt leise durch die Nacht,
wenn schon das Morgenlicht erwacht
und das noch junge Sonnenlicht
sich in den Frühlingszweigen bricht.
Dort singt der erste Vogelruf.
Er klingt so frei wie Gott ihn schuf.
Gott Bacchus galt die Huldigung
und dessen Weines Zaubertrunk.
Doch nun verträgt er nicht mehr viel.
Der Heimathafen ist sein Ziel.
Die Lampe dort umstolpert er.
Sie stört auf seinem Wege sehr.
Müde erscheint er und verstört,
wenn man ihn leise sagen hört:
„Du Rollmops auf dem Frühstückstisch,
dich liebe ich sauer und frisch."

Die List

Das Kind versteht die Welt nicht mehr,
das Leben ist ein Hin und Her.
Das darf es tun, die Freundin nicht,
was hier Tabu ist, wird dort Pflicht.
Bricht bei ihm mal der Spieltrieb aus
sagt Vater gleich: „Nichts wird daraus.
Sei ernsthaft Kind, und mühe dich.
Du lernst für's Leben, nicht für mich."
So überlegt der kluge Wicht,
was er wen fragt, und wen was nicht.
„Ja" mag Mama öfter sagen,
manchmal muss er Papa fragen.
Bei diesen Eltern braucht er List,
weil ohne nichts zu machen ist.
So wünscht das Kind sich einen Hund,
will ihn versorgen, tut es kund.
Die Mutter hat das gern geseh'n,
nun sieht man Vater Gassi geh'n.

Lebenslauf

Der Mensch geht durch die Lebenswelt.
Von Schicksalsmacht hineingestellt.
Ihn leiten Dunkel oder Licht.
Den Auftraggeber sieht er nicht.
Er tut nur einfach was da geht.
Und was ihm zur Verfügung steht.
In ihm ist diese Macht bereit.
Als Jesus, Schicksal, Dunkelheit
führt sie ihn durch den Lebenslauf.
Und irgendwann nimmt sie ihn auf.

Der alte Wolf

Ergeben streunt er durch die Welt,
vereinsamt auf sich selbst gestellt.
Im Rudel hat er keinen Platz.
Ihm fehlt die Kraft zur Opferhatz.
So nimmt er, was er finden kann:
ein Rebhuhn, einen Mümmelmann,
waidwund an seinem Wegesrand,
weil halt der Jäger sie nicht fand.
Es treibt ihn unaufhörlich fort,
mit Hunger stets von Ort zu Ort.
Hat er sich mal ein Wild erjagt,
dann wird er ständig fortgejagt.
So gibt er auf, legt sich zur Ruh',
sucht sich ein Dickicht aus dazu.
In Sehnsucht nach dem großen Glück
kehrt er zum Lebensstrom zurück.

Lebensstrom

Er steuert deinen Lebenslauf,
nimmt deine Abweichung in Kauf.
Er gibt dir Dunkelheit und Licht,
lenkt deinen Weg auch ohne Sicht.
Und wo es Hindernisse gibt,
vertraue ihm weil er dich liebt.

Alte Linde

Der Wind hat sie dorthin geweht,
wo diese Linde heute steht.
Der Stamm trägt ihre Krone fest.
Der Vogel baut darin sein Nest
und Paare ritzen im Verein
das Herz und ihre Namen ein.
Die Linde gibt sich lächelnd her.
Das Ego gilt bei ihr nicht mehr.
Das Alter hat sie mild gemacht,
dräut auch der Sturm, die Seele lacht.

Altersfragen

Er schaut nach vorne, nicht zurück.
Dort sucht der junge Mensch sein Glück.
Das strebt er an, da will er sein.
Stellt sich auf seine Zukunft ein.
Der alte sieht stattdessen klar,
dass früher alles besser war.
Da war die Welt noch heil und gut.
Zur Zukunft fehlt es ihm an Mut.
Das Alter meint nicht nur die Zahl.
Auch die Bewusstseinsform mental.
Sie prägt den Einzelmenschen aus.
Auch Volksbewusstsein drückt sie aus.
Doch ist die Sprache manchmal Gift,
wenn es den alten einmal trifft.
Der kann dann groß oder auch klein
Mal Hase und mal Affe sein.

Ausstieg

Zunehmend turnt es durch den Raum.
Der enge Platz genügt ihm kaum.
Ob Laufstall, Klapper oder Bett,
ob Schnuller oder Trageset:
Es dreht sich alles um den Wicht.
Doch dieser Kobold weiß das nicht
und deutlich wird von Mal zu Mal:
Das alles ist ihm ganz egal.
Er will nur raus aus diesem Bauch.
Die Frischluft atmen will er auch.
Ob man ihn da willkommen heißt
und sich um sein Erscheinen reißt,
das hat bei ihm den zweiten Rang.
Ihm dauert alles viel zu lang.
So turnt er weiter, macht sich fit
und sagt zum Leben, „Nimm mich mit!".
Steigt er aus dieser Enge aus,
brüllt er den ganzen Frust hinaus,
ruft dann der Welt gelassen zu:
„Hier bin ich! Und nun seht mal zu".

Lebenskraft

Der Same treibt die Pflanze rauf.
Die Blüte schließt die Knospe auf.
Das Küken flüchtet aus dem Ei.
Das Wildschwein gibt den Frischling frei.
Es äußert sich in der Natur,
zieht auch im Menschen seine Spur.
Das Leben gibt der Welt die Kraft,
die Trauer bringt und Freude schafft,
durch jede kleine Spalte dringt
und der Natur die Fülle bringt.

Gedächtnisschwund

Geht dein Gedächtnis auf die Flucht,
ist das Ergebnis einer Sucht,
oder das Alter nimmt es fest,
gibt ihm so still und sanft den Rest.
Dann kann ein Training hilfreich sein.
Du nimmst Pillen und Säfte ein.
Das mindert manchmal den Verlust,
hält wachsam, reduziert den Frust.
Trotz allem mindert sich das Licht.
Das Ignorieren hilft da nicht.
Hier nimmt das Leben seinen Lauf.
Es macht dir neue Türen auf.

Die alte Mühle

Seit hunderten von Jahren sind
der Mühle Flügel vor dem Wind.
Mit Esel, Karre, huckepack
erreichte sie so mancher Sack
Körner von des Bauern Feld,
damit das Leben Kraft erhält.
Doch statt der Arbeit vor dem Wind
dient Technik nun dem Menschenkind.
Ganz traurig steht sie nun im Land,
weil sie keine Verwendung fand.
Bis die Technik sie entdeckt
und sie zu neuem Leben weckt.
Indem man ihre Flügel putzt
und die zur Stromerzeugung nutzt.
Das Leben braucht die Energie.
Auch diese Mühle liefert sie.

Das alte Haus

Das alte Haus hat viel geseh'n,
lernte das Leben zu versteh'n.
Menschen gab es Heim und Schutz
Und bot den Witterungen Trutz.
Viel Bauern gingen ein und aus,
und weise wurde dieses Haus.
Das Leben zog irgendwann aus
und Einsamkeit füllte das Haus.
Es schaute müde in die Welt,
stand lange sterbend in dem Feld.
Es war Familie Kinderland,
die es so eines Tages fand.
Da war des Fachwerkes Blessur.
Das Dach rief nach Reparatur.
Man rief, „Das geben wir nicht auf",
und krempelte die Ärmel rauf.
Nun steht es lachend in dem Wind,
mit Vater, Mutter, Hund und Kind.
Es hat es das Leben lang entbehrt
und das ist nun zurückgekehrt.
Das Haus blüht auf in neuem Licht.
Die Strahlkraft hat ein Neubau nicht.

Der Tod

Er ist der Herr der dunklen Nacht.
Die Welt ist Zentrum seiner Macht.
Er überrascht, kündigt sich an.
Das Leben steht in seinem Bann.
Er ist willkommen oder nicht.
Er ist das Dunkel und das Licht.
Und wenn er unser Ende bringt,
mit seiner Totenglocke winkt,
wird unser Leben hell und leicht.
Wir haben unser Ziel erreicht.

Leben

Die Wurzeln geben Lebenssaft.
Die Tradition die Prägekraft.
Der Mensch in seines Lebens Bann,
strebt schicksalhaft die Zukunft an.
Sein Ziel ist die Veränderung.
Der Lebensstrom gibt ihm den Schwung.
So treibt er der Bestimmung zu:
Geborgenheit in sanfter Ruh.

Tod

Er kommt herein laut oder still.
Der Tod kommt immer wenn er will.
Er tritt nach langem Leben ein,
es kann auch überraschend sein.
Ohne Bedauern und Plaisier
beendet er das Leben hier.
Alt oder jung sind ihm egal,
auch Tugend oder Unmoral.
Beschließt er einen Lebenslauf,
macht er der Seele Käfig auf,
damit sie aus dem Erdenbann
in ihre Heimat fliegen kann.
Und sie ruft in die Welt hinaus:
„Ihr trauert und ich bin zu Haus."

Alterung

Sie ist nicht einfach Jahreszahl,
Vergesslichkeit und Krankheitsqual.
Sie ist der Energienfluss,
der seine Richtung ändern muss,
vom Körper hin zur Geisteskraft
was neue Möglichkeiten schafft.
Da tut sich neues Leben auf,
vorausgesetzt man baut darauf.

Verjüngung

Die Falten hier schmelzen wir ein.
Der Busen muss geliftet sein.
Dem lichten Haar ein neues Dach,
die Kleidung ahmt U 30 nach.
Hast du den Körper jung getrimmt,
fehlt noch, dass das Mentale stimmt.
Denn bleibt die Denkstruktur besteh'n,
Dann nützt es nichts jung auszuseh'n.

Advent

Der Hoffnung ist in dieser Welt
auch die Erwartung zugesellt
und beide stellen im Verein
sich auf die dunkle Zukunft ein.
Sie bringt uns Wohlstand oder Glück.
Sie schenkt, oder sie nimmt zurück.
Da weckt es bei uns manchmal Wut,
auch Wissen, es geht alles gut,
mal Zaudern, was da kommen will
und manchmal sind wir einfach still.
Advent bietet die Hoffnung an,
dass die Erlösung kommen kann
und dass, wie's um die Welt auch steht,
das Leben immer weiter geht.

Blattgeflüster

Es sagt ein Blatt zum Nachbarblatt:
Wohl dem, der einen Nachbarn hat.
Komm, gehen wir ein Bündnis ein.
Ich möchte gern dein Herzblatt sein.
So können wir zusammensteh'n.
Dem Leben fest ins Auge seh'n.
Da kommt der Herbst mit leisem Schritt
und nimmt sie nacheinander mit.
So planen wir des Lebens Lauf
und irgendwann nimmt es uns auf.

Weihnachten

Lieder klingen durch das Land.
Blick von Schaufenstern gebannt.
Der Lichterglanz, die Flitterpracht,
die stressbesetzte Weihnachtsnacht,
Geschenke suchen ohne Rast,
Buchen von Menüs in Hast.
Das Rasen bis zur Weihnachtsnacht
hat alle Nerven blank gemacht.
Doch nicht nur das ist unser Brauch,
die and're Weihnacht gibt es auch:
Gott hat sich bei uns inkarniert.
Hat seinen Sohn uns zugeführt.
Mit der Geburt in dunkler Nacht
hat Jesus uns das Heil gebracht.
Die beiden Seiten sind sich fern.
Doch beide hat der Weihnachtsstern.
Besinnung ist es, die sich lohnt,
dass Gott in uns'rer Mitte wohnt.
Von Beidem die Synthese bringt,
dass uns das Weihnachtsfest gelingt.
Stellt sie uns auf die Tiefe ein,
dann wird der Rest beherrschbar sein.

Weihnacht

Das Fest ist von dem Kind geweiht,
das uns von uns'rer Schuld befreit.
Es zeigt den Weg, es reicht die Hand,
führt uns an seiner Liebe Band
in dieses Land, das uns verspricht:
Dort leuchtet uns des Vaters Licht.

88

Winterzeit

Die weiße Decke wärmt das Feld.
Dort ist ein Schneemann aufgestellt.
Ein Hase hoppelt durch den Schnee
und an der Raufe frisst das Reh.
Der Igel schläft in seinem Bau.
Ihm ist die Witterung zu rau.
Wenn auch der Eiszapfen mal weint
und langsam abzunehmen scheint,
zeigt sich: zurzeit ist diese Welt
vorübergehend still gestellt.
Sie ist in tiefem Schlaf erschlafft,
damit sie innen Ordnung schafft
und aus des Winterschlafes Bann
zum Frühlingsstart erwachen kann.

Jugend

Wenn des Winters Kraft verfällt,
der Frühling seinen Einzug hält,
erwacht die Pflanze aus der Ruh',
strebt hoffnungsfroh der Zukunft zu.
Die Wurzeln ziehen Wasser rein,
die Lebenssäfte schießen ein,
treiben das Leben vor sich her,
den Schlaf erträgt sie nun nicht mehr.
Sie breitet Stiel und Blätter aus
und macht ihr Pflanzenkleid daraus.
Die Pflanzenjugend wächst heran,
setzt lebensfroh die Knospen an.
Das Kraftpaket ist nun bereit,
zu hingebender Fruchtbarkeit,
damit die Pflanze irgendwann
zur Reife übergehen kann.

Der Sommer

Der Sommer ist ein Kraftpaket,
das ganz im Dienst des Lebens steht.
Er dient dem Gott der Fruchtbarkeit,
ist ihm zu huldigen bereit.
So streut er seine Früchte aus.
Der Lebensschöpfung dient sein Haus.
Sein starkes Herz ist weit und jung,
taugt nicht zur Selbstbespiegelung.
Er hat die Kraft, die überschäumt,
und die als einziges erträumt,
dass sie die Fülle, die sie liebt,
gern für das Leben weitergibt.

Sommerzeit

Wenn Pflanze ihre Samen streut,
das Tier sich über Nachwuchs freut,
dann hält sich die Natur bereit.
Denn es ist Arterhaltungszeit.
Die Sonne macht die Kräfte frei
und springt damit dem Leben bei.
Das ist sie, die das Leben schafft:
Des Sommers produktive Kraft.
Vom Frühling ist sie angesetzt,
vom Sommer wird sie umgesetzt
und schließlich dann zu guter letzt,
vom Herbst in Folge abgesetzt.

Hoffnung

Es ist die Hoffnung, die die Welt
trotz aller Not zusammenhält.
Sie lässt das Leben weiter geh'n,
denn ohne Hoffnung bleibt es steh'n.
Wir wissen, dass die Welt, die lebt,
voll Hoffnung in die Zukunft strebt.
Zu Ende ist, was stehen bleibt.
Lebendig ist was weiter treibt.
Der Stillstand, Freund, bringt dich in Not.
Denn bleibst du stehen bist du tot.

Herbstzeit

Gelb, rot, grün, braun - in aller Pracht:
die Fauna strahlt mit ihrer Macht.
Der Hirsch stößt seinen Brunftruf raus,
und ficht Rivalenkämpfe aus.
Die Ricke nimmt den Nachwuchs an,
dass er im Frühjahr kommen kann.
Zugvögel fliehen im Verband,
und Stürme ziehen durch das Land.
Der Herbst schlägt die Natur in Bann.
Er nimmt die Macht des Sommers an.
Das Jahr stellt sich auf Ruhe ein,
und leitet so sein Ende ein.
Was uns die Ricke offenbart:
Nach jeder Ruhe kommt ein Start.
Wenn auch vielleicht nach läng'rer Frist,
weil zwischendurch noch Winter ist.

Der Winter

Der Winter schlägt mit Härte zu,
frostklirrend geht die Welt zur Ruh'.
Tief unter Eis und Schnee versteckt
hat sie sich ganz warm zugedeckt.
Sie träumt von der Vergangenheit
und jener so glücklichen Zeit,
als neues Leben ihr entspross
und sich aus ihrem Schoß ergoss.
Doch ihre Trauer hält sich nicht,
denn dieses Leben endet nicht.
Sie baut nur neue Kräfte auf,
für ihren nächsten Lebenslauf.

Der Herbst

Beginnt des Sommers Todeslauf,
dann nimmt der Herbst den Stab gern auf.
Nach Sommers Zeit der Fruchtbarkeit
stellt Herbst ein Farbenspiel bereit.
Gleich einem sanften Flächenbrand
so präsentiert sich nun das Land.
Was hier in neuem Kleid erscheint
und stürmisch aus den Wolken weint,
zeigt uns ein sterbendes Gesicht,
doch dabei stirbt die Schönheit nicht.

Frühlingszeit

Der Winter treibt dem Ende zu
und seine Macht legt sich zur Ruh'.
Narziss und Krokus sind erwacht,
Schneeglöckchen auf der Wiese lacht.
Eichkätzchen jagen sich im Baum,
der Hase schwelgt im Liebestraum.
Die Tauben gurren voller Glück,
die Zugvögel kehren zurück.
Natur erscheint im grünen Kleid,
ist für die Zukunft nun bereit.
Der Frühling ist vom Schlaf erwacht
und hat sich auf den Weg gemacht.

Himmlisches

Lebendig ist das Himmelreich,
sein heller Wolkenteppich weich.
Hier lebt Gott Vater seine Macht,
entfaltet sie mit aller Pracht.
Sein Sohn, von ihm in Dienst gestellt,
erholt sich hier vom Stress der Welt.
Voll Jubel stellt die Engelschar
der Göttlichkeit Verehrung dar,
bis Petrus mit dem Schlüssel winkt,
und sie erbost ins Bettchen bringt.
Die Taube flattert hin und her.
Die Menschen mögen sie nicht mehr.
So kann sie sein, die Himmelswelt.
Voll Glück vereint im Himmelszelt.
Wo ist der Mensch da vorgeseh'n?
Wir wissen nur, wir werden seh'n.

Ostern

Hyazinth und Krokus streben
blühend in das Frühlingsleben,
wo Naturkräfte erwachen
und sich auf die Reise machen.
In Geschäftsregalen stehen,
kann man diese Hasen sehen,
deren Schokoladenmassen
Kinderherzen hüpfen lassen.
Unser alter Osterhase
rümpft griesgrämig seine Nase:
„Die missbrauchen mich schon wieder
und das alle Jahre wieder".
Doch die Menschen tun es weiter,
sind trotz seines Ärgers heiter,
buchen Reiseplatz in Serien
und entfliehen in die Ferien.
Nur der Anlass kam abhanden:
Gottes Sohn ist auferstanden.

Die Sonne

Sie dreht sich nicht um unser Land,
stattdessen sind wir ihr Trabant.
Sie schenkt dem Leben diese Kraft,
die immer neues Leben schafft.
Und ist die Sonne noch so fern,
sie wärmt das Erdenleben gern.
Sie leuchtet klar, manchmal zu heiß.
Zu Wasser macht sie unser Eis.
Sie trocknet uns, sind wir mal nass,
umschmeichelt unser'n Leib im Gras.
Doch gibt es einen Sonnenbrand,
weil Sonnenlust kein Ende fand,
dann stellt sich die Erkenntnis ein:
Auch Wärmedämmung muss mal sein.

Der Hagel

Vom Nadelkopf zum Ei der Gans.
Im Wolkenreich beginnt der Tanz.
Wo Frost und Wasser einig sind,
entsteht der Hagel als ihr Kind.
Breitet sich auf der Erde aus.
Macht manchem Ding dort den Garaus.
Das Wasser bietet die Substanz.
Die Kälte gibt ihr Eisesglanz.
Doch kommt die Wärme in die Welt,
wird er auf Wasser umgestellt.

Der Schnee

Er gibt dem Schneemann die Statur
und schafft den Schiern ihre Spur.
Der Schnee ist diese weiße Pracht,
die Kinderherzen glücklich macht.
Er ist Produkt der kalten Welt,
vom Winter in den Dienst gestellt.
Doch wenn die Frühlingssonne lacht,
dem Schneemann schöne Augen macht,
gerät dies' Wesen aus dem Tritt
und nimmt sein weißes Umfeld mit.

Blattvariationen

Die Pflanze lebt vom grünen Blatt.
Die Freude bringt das Blütenblatt.
Die Zeit sagt uns das Zifferblatt,
wenn man ein Chronometer hat.
Ob Holz, ob Eisen oder Stein:
Das Sägeblatt bekommt sie klein.
Des Tieres Leben endet leicht,
wenn Jägers Blattschuss es erreicht.
Und obendrein sagt uns das Blatt:
wohl dem, der noch ein Herzblatt hat.

Windhauch

Der Wind im milden Sonnenlicht,
schmeichelt ein Lächeln auf's Gesicht.
Die Pappelblätter glitzern still,
wenn es sein leises Raunen will.
Und auf dem großen weiten Meer
schleichen die Katzenpfoten her.
Nicht nur Gewalt bewegt die Welt,
die sich für unverzichtbar hält.
Der leise, liebevolle Hauch
kann es mit zartem Nachdruck auch.

Winter

Hart greift er zu mit kalter Hand,
streut Eis und Schnee in Stadt und Land.
Der See erstarrt im Kältetest.
Das Eichhorn treibt er in das Nest.
Die Tiere ziehen Mäntel an.
Der Mensch erliegt des Winters Bann.
Das Leben stimmt auf Rückzug ein,
und hofft auf warmen Sonnenschein.

Der Bauer

Er züchtet Feldfrucht oder Vieh.
Sein Leben heißt Ökonomie.
Das breit gestreute Angebot
von früher ist heut' leider tot.
Der Bauer ist nun Spezialist,
dem lediglich geblieben ist:
Er bietet die Produkte an,
bei denen er gewinnen kann.
Da gibt es Mais und dort das Schwein,
hier wird es dann Gemüse sein.
Die Grundgesetzte seiner Zunft
sind Rechenstift und die Vernunft.
Den Bauernhof mit Frucht und Vieh
bremst heute die Ökonomie.
Es sei denn, er hat Hof und Feld
auf Feriengäste eingestellt.

Der Metzger

Seine Erscheinung stark und smart.
Als Profi ist er knochenhart.
Für Schnitzel, Kassler, Leberwurst
und all die schöne Fleischeslust,
löscht er so manches Leben aus,
macht Leckereien uns daraus.
Wir schätzen diese Tat bestimmt,
die so ein Metzger auf sich nimmt.
Dem Tier macht er das Leben schwer
und uns verwöhnt er umso mehr.
Der Metzger sorgt für Fleischgenuss,
den es vielleicht nicht geben muss.
Doch ob er vegetarisch isst,
oder auch ein Veganer ist:
Nicht jeder mag nur Obst und Lauch.
Ein Raubtier ist der Mensch halt auch.
So mancher lässt Gemüse steh'n,
kann er dafür zum Metzger gehen.
Und es bereitet ihm Verdruss,
wenn er darauf verzichten muss.

Der Elektriker

Selbst unter Strom will er nicht steh'n.
Das hat man manchmal auch geseh'n.
Doch häufig tritt der Fall nicht auf.
Meist regelt er den Stromverlauf,
steuert die Richtung und die Kraft.
Er ist der Herr der Stromwirtschaft.
Die Quelle ist Maschinenkraft,
die diese Stromerzeugung schafft.
Wir nutzen seine Dienste gern,
beziehen sie von nah und fern.
Im Alltag ist er da präsent,
wo Strom durch uns're Leitung rennt.
Er liefert diese Ware gern,
hält sie von seinem Körper fern.
Doch trifft ihn Amor, das Phantom,
dann steht er gerne unter Strom.

Der Schreiner

Wackelt der Tisch und klemmt die Tür,
der Schreiner hat know how dafür.
Und was aus Holz entstehen kann,
fasst er als Fachmann gerne an.
Der Härtegrad, die Maserung,
das Alter und die Lagerung,
das ist ihm alles sehr vertraut,
wenn er daraus sein Werkstück baut.
So liebt er diese Schöpferkraft,
die aus dem Holz das Werkstück schafft.

Der Polizist

Gesetz und Ordnung hält er fest
und sorgt für unser warmes Nest.
Er sichert des Verkehres Fluss
und regelt Nöte und Verdruss,
wenn so ein Ampellicht ausgeht
und der Verkehr dann stille steht.
In Uniform ist er zu seh'n,
kann aber in Zivil auch geh'n,
wenn er die bösen Buben greift
und dafür durch die Gegend streift.
Wenn dieser Mann die Wache hält
und sich in uns're Dienste stellt,
verdient er, dass man ihm vertraut,
auf seine Unterstützung baut.

Der Angler

Versonnen sitzt er an dem Fluss.
Das Angeln ist ihm ein Genuss.
Das Wasser plätschert vor sich hin.
Da geht ihm vieles durch den Sinn.
Der Wind säuselt im Uferlaub.
Die Luft ist frisch und frei von Staub.
Der Eisvogel, rasant und keck,
fängt ihm den Fisch vom Haken weg.
Auf dicht bewachs'nem Uferhang
hört man der Nachtigall Gesang.
Da beißt ein Fisch beim Angler an.
Entschlossen zieht der ihn heran.
Er macht ihn los, er wirft ihn rein.
Das Tier ist für ihn viel zu klein.
Dem Wasser gibt er es zurück.
Da hat das kleine Fischlein Glück.
Den Angler schert das nicht sehr viel.
Denn für ihn ist der Weg das Ziel.

Der Politiker

Er sieht die Welt als Rohstoff an,
den er nach Wunsch gestalten kann.
Er stellt sich vor: Wie soll sie sein?
Er leitet seine Schritte ein.
Er ist verwirrt, entdeckt er dann:
Auch andre machen sich daran.
Da wünschen viele eine Welt,
die ihm so gar nicht gut gefällt.
Ein Wortgemenge schließt sich an,
wo keiner alles haben kann.
Knickt er da ein? Und wackelt er?
Hat er keinen Charakter mehr?
Nur eines ist hier ganz gewiss:
Auch Politik ist Kompromiss.

Der Banker

Er widmet sich den klaren Zahlen.
Gefühle sind ihm da suspekt.
Begegnet er dem eitlen Prahlen,
dann hält er sich eher bedeckt.
Dann nennt er die präzisen Kosten,
prüft dabei seine Sicherheit.
Und fehlt auch nur der kleinste Posten,
dann sagt er: „Und das war's soweit".
Nun ist dem Leben so zu Eigen,
dass Sicherheit manchmal zerbricht.
Und sollte sich das einmal zeigen,
hat manchmal auch der Banker Schicht.

Der Bettler

Das Leben hat ihn hart gemacht.
Nur selten sieht man, dass er lacht.
Verloren zieht er durch das Land,
lebt von den Gaben milder Hand.
Passantenblicke meiden ihn.
Versuchen, schnell vorbei zu zieh'n.
Er hat schon anderes geseh'n.
Nun lässt der Lebensstrom ihn steh'n.

Der Schmied

Das harte Eisen, heißer Brand.
Der Amboss und die Hammerhand.
Es ist der Schmied mit seiner Kraft,
der so sein neues Werkstück schafft.
Da tropft der Schweiß von seiner Stirn.
Voll in Aktion ist sein Gehirn.
Sein Werk sieht er schon vor sich steh'n,
sich seinem Ziele näher geh'n.
Und zielbewusst kommt dieser Mann
erfreut bei der Vollendung an.
Denn ist ein Werk endlich geschafft,
erfreut es uns're Schöpferkraft.

Kellnerleben

Das Leben hat ihm nichts geschenkt,
hat ihn durch eine Bahn gelenkt.
Die hat an seiner Kraft gezehrt,
ihm Sorgen und auch Leid beschert.
Nun ist das Lächeln seine Pflicht:
„Zeige ein freundliches Gesicht".
Doch hat der Zahn der Zeit genagt,
so dass ein steifer Rücken plagt.
Der an seinen Nerven reißt
und die Bandscheiben verschleißt.
Sein Körper ist nach vorn gebeugt,
was nicht von Demutshaltung zeugt,
sondern es ist der Lebenszoll,
der einfach Schmerzen lindern soll.
Doch grenzt das Leben ihn auch ein,
es soll ein würdevolles sein.

Der Himmel

Wir nennen ihn das Himmelszelt.
Die Sage spricht von Dach der Welt,
das irgendwo auf Pfeilern steht
und dessen Schutz niemals vergeht.
Das Himmelbett ist Hort der Ruh,
breitet den Himmel aus dazu.
Der Himmel steht bei uns für Glück,
holt aus der Traurigkeit zurück,
wenn uns in dunkler Lebensnacht
ein Licht im Tunnel Hoffnung macht.

Baum

Die Buchenkrone säuselt sacht.
Der Stamm hat sie hervorgebracht.
In ihren Blättern zittert Licht,
das sich als Sonnenstrahlen bricht,
welche die Sonne zu ihr lenkt,
womit sie ihr das Leben schenkt.
So schützt der Baum den, der es will.
Er tut es gern. Er tut es still.

Die Couch

Als Sitz und auch als Ruheort
vermittelt uns die Couch Komfort.
Sie gilt als Platz für Therapie.
Auch Kinderspielgerät ist sie.
Die Sprungfedern schonen den Po,
lassen auch hüpfen wie ein Floh.
Bezug aus Leder und Textil
ermöglichen ein Statusspiel.
Sie steht in Wohn- und Partyraum,
ist auch für Gastzimmer ein Traum.
Doch wer damit sein Bad verziert,
wird auf der Liege therapiert.

Bewegung

Egal wie viel er davon hält:
Zum Laufen ist der Mensch erstellt.
Nicht Autositz und Schreibtischstuhl,
auch nicht Computer's Datenpool,
es ist Bewegung, die er braucht,
wenn sie ihn auch so manchmal schlaucht.
Mit Laufen fing die Menschheit an,
hält Mensch gesund solang er's kann.
Doch wär es eine Hinterlist,
zu sagen, dass er läufig ist.

Dach

Es ist ein Sattel oder flach,
zuweilen auch ein Giebeldach.
Es hält die Wärme in dem Haus
und bremst den Kälteeinbruch aus.
Im Sturm will es ein Hüter sein.
Auch Regen lässt es nicht hinein.
Nicht nur die Türen sperren aus.
Auch durch das Dach kommt keine Maus.
Das Dach ist Deckel auf dem Topf,
schützt das Gehirn auf deinem Kopf.
Und machst du ihm mal zu viel Krach,
steigt dir der Nachbar auf das Dach.

Danke

Der Herr ist allerorten da,
und deiner Seele immer nah.
Sieh deine Welt mit Hoffnung an,
damit sie dich beschenken kann.
Streb dass du nah an Jesus bist,
der deines Lebens Quelle ist.

Die Nadel

Sie nutzt der Nähmaschinenwelt,
wird auch per Hand in Dienst gestellt.
Und der geliebte Tannenbaum
wird durch die Nadel erst zum Traum.
Die Tiere und die Pflanzenwelt
sind auch auf Stechen eingestellt.
Die Biene injiziert ihr Gift.
Und wenn man auf den Igel trifft,
macht der sich rund, schützt sich mit ihr,
doch heißt sie Stachel bei dem Tier.
Bei Pflanzen ist es eher Brauch:
Da spricht man von den Dornen auch.
So näht und sticht die Nadelwelt,
die sich für unbesiegbar hält.
Das Eine haben sie gemein:
Sie dringen in die Finger ein.
Doch Lederhandschuh, Fingerhut,
schützen in diesem Falle gut.

Freiheit

Er macht sich von den Eltern frei,
entflieht der Sippensklaverei.
Der Staatsgewalt entzieht er sich,
verweigert sich gesellschaftlich.
Nach diesem Emotionenkrieg
feiert das Ego seinen Sieg.
Doch dieses so erreichte Glück
wirft ihn dann auf sich selbst zurück,
so dass er traurig anerkennt:
Sein Lebenskern ist abgetrennt.
Die Trennung war jedoch auch Glück.
Nun kehrt er freiwillig zurück.
Er hat sich von dem Zwang befreit.
Nun ist er frei, zum Dienst bereit.

Der Fasan

Die Frauen heben sein Gewicht.
Sie zu beschützen ist ihm Pflicht.
Mit seinem Blick fest auf die Welt
und auf Revierkampf eingestellt,
kräht er es allen Wesen zu:
„Dies Reich ist mein – für euch tabu.
Seht meiner Federn gold'ne Pracht,
den Kamm als Krone meiner Macht.
Mein Schnabelhieb ist scharf und stark.
Denn ich bin ich! Für euch autark."
Ein Fürst ist er voll Kraft und List.
Bis Reinicke sein Ende ist.

Der Hecht

Er präsentiert sein Schwergewicht.
Die Furcht vor ihm berührt ihn nicht.
Er zieht gelassen durch die Welt.
Er ist auf jagen eingestellt.
Da ruft der Fische Welt: Alarm!
Hier läuft der Hecht den Jagdtrieb warm.
Kommt es für so ein Fischlein dumm,
zieht es in seinen Tunnel um.
Dem Fischlein geht die Puste aus.
Der Hecht zieht Lebenskraft daraus.

Der Held

Der Held beherrscht mit Egokraft
des Körpers Trieb und Leidenschaft.
Nicht eine feste Ethik schafft
des Helden wundersame Kraft.
Ob christlich oder kriminell,
ob geistig oder materiell:
Gibt Ego eine Richtung an.
Hält sich der ganze Mensch daran,
dann zeigt das Leben voller Macht:
Hier ist ein neuer Held erwacht.

Sicht

Es gibt die Aus-, es gibt die An-,
und auch die Absicht findet man.
Die Fernsicht führt den Blick hinaus,
die Nahsicht drückt Umgebung aus.
Die Einsicht führt den Blick hinein,
führt eine neue Ansicht ein.
Doch schwindet dir die Übersicht,
behalte deine Zuversicht.
Die Außensicht vermittelt dann,
was Innensicht nicht sehen kann.
Hier bringt Globalsicht etwas Licht.
Sie führt vielleicht zur klaren Sicht.

Die Mauer

Die Mauer ist aus Stein erstellt,
als Grenzmarkierung aufgestellt.
Sie sorgt verlässlich konsequent,
dass jedermann ihr „Stopp" erkennt.
Sie schützt den Garten und das Feld,
wird am Gefängnis aufgestellt
und ist, dass sie dem Auftrag nützt,
manchmal mit Draht und Glas geschützt.
Die Mauer ist besonders fest,
die Herz und Seele sterben lässt.
Da fragt sich nur: Was ist bedroht?
Schützt sie nun Leben oder Tod?

Abschied

Das Leben gab mir sein Geleit
durch lange, kurze Lebenszeit.
Sie war ein buntes Wechselspiel,
mal mit und manchmal ohne Ziel,
mal kurvenreich, mal gradeaus,
mal in der Fremde, mal zu Haus.
Nun kündigt sich das Leben an,
das dieses hier erlösen kann
und das an seine Stelle tritt,
das es erneuert Schritt für Schritt.
Es kommt und fragt nicht, ob ich will.
Ich bin bereit und folge still.

Der Tropfen

Er zeigt sich, wo die Freude lacht
und wo sich Trauer sichtbar macht.
Vom Schaufenster rinnt er herab.
Er tropft vom nassen Finger ab.
Der Tropfen füllt das große Meer
Ohne ihn sind Flüsse leer.
Er zeigt, dass Groß aus Klein besteht
und ohne dieses untergeht.
Das Kleine aber ist ein Wicht,
mit dem das Große nicht gern spricht.
Doch wenn es sich zusammen tut,
ärgert's das Große bis aufs Blut.

Der Zug

Er trägt uns auch bei Eis und Schnee
mit RE, IC, ICE.
Er fährt uns in die weite Welt,
bringt uns, wohin es uns gefällt.
Der Zug ist Teil von uns'rer Welt,
die er für uns geöffnet hält.
Wenn er auch manchmal Mängel zeigt,
er nützt dem Gast, der ihn besteigt.
Erstaunlich ist was ihm gelingt.
Wenn er nicht aus der Schiene springt.

Das Fahrrad

Zwei Räder, ein Gestell aus Rohr.
Die Bremsen und ein Licht davor.
Erstaunlich was das Fahrrad schafft.
Es stärkt die Umwelt und die Kraft.
Es dient der Fortbewegung sehr.
Mit Treten und als E-Bike mehr.
Doch unten treten oben krumm
wird Radfahrer genannt - zu dumm.

Die Zeit

Die Zeit ist fern, die Zeit ist nah.
Sie ist vergangen oder da.
Man hat sie oder hat sie nicht.
Der Schalter macht nach ihr das Licht.
Die Zeit bringt diese Welt voran,
wenn sie auch rückwärts laufen kann.
Hast du mal Zeit, dann nutze es.
Wird sie mal knapp, dann macht sie Stress.
Spielst du nur so zum Zeitvertreib,
dann sagst du zu ihr: „Bitte bleib!"

Der Affe

Er hangelt sich von Ast zu Ast,
durchstreift die Bäume ohne Rast.
Dem Nachbarn säubert er sein Kleid,
warnt vor Gefahren sein Geleit.
Denn dieses Rudel ist ihm Licht
und ohne leben kann er nicht.
So pflegt er die Geselligkeit.
Zu Streit und Liebesdienst bereit.
Es ist Beziehung die ihn trägt
und auch des Affen Leben prägt.
Der Affe mag's, der Mensch nicht sehr.
Wenn doch der Mensch ein Affe wär.

Der Tiger

Gelassen streift er durch den Wald.
Kraftvoll geschmeidig die Gestalt.
Die Augen scharf bei wenig Licht.
Der kleinste Duft entgeht ihm nicht.
Das Streifenfell verbirgt ihn gut,
rät jedem Tier: Sei auf der Hut.
Doch schlägt er zu, ist es geschafft.
Der Tiger baut auf seine Kraft.
Doch schläfert ihn der Jäger ein,
kann er bald Bettvorleger sein.

_____ 136

Die Löwin

Die Steppe ist ihr Tummelplatz,
für die geliebte Büffelhatz.
Sie wählt ihn aus dem Rudel aus.
Trennt ihn aus seiner Herde raus.
Hetzt ihn mit Strategie und Macht.
Bis sie ihn dann zu Fall gebracht.
Nun hat sie erstes Zugriffsrecht.
Wer sie bedrängt, dem geht es schlecht.
Und gibt sie ihren Rest dann frei,
eilen die Nachleser herbei.

Einsicht

Ein Mensch erwägt so dann und wann,
was er wohl unternehmen kann.
Flieht aus dem Jetzt. Weiß nicht wohin.
Was ist sein Antrieb? Was sein Sinn?
So schwebt er sinnend durch die Welt.
Mental auf Unrast eingestellt.
Was er erreicht, achtet er nicht.
Stets kommt ein neues Ziel in Sicht.
Da ruft ihm eine Stimme zu:
„Komm her. Hier wartet deine Ruh.
Zieh nicht in alle Welt hinaus.
Nur in dir selbst bist du zu Haus."

Die Sprache

Die Sprache diente immer schon
menschlicher Kommunikation.
Sie trägt Bedeutung hin und her,
doch manchmal sind die Worte leer.
Es sprechen Worte und Gesicht.
Und auch die Körperhaltung spricht.
Es spricht die Kleidung die man trägt,
die Form, welche Frisuren prägt.
Die Sprache kann verständlich sein,
doch manchmal lässt sie dich allein,
weil Sprache zwar Bedeutung prägt,
doch manchmal keinen Inhalt trägt.

Erdengang

Von Himmelshöhen geht er aus,
nimmt einen Körper sich als Haus,
wo er als Geisteswesen still
in dieser Welt erscheinen will.
Er zeigt ein menschliches Gesicht.
Du siehst ihn und du hörst ihn nicht.
Und doch gestaltet er die Welt,
als Körperwesen dargestellt.
Erklingt der Totenglockenklang,
des Geistes stiller Abgesang,
steigt der hinauf zum großen Meer.
Den Körper braucht er da nicht mehr.

Das Feuer

Es frisst den Wald und auch das Haus,
löscht alles Leben um sich aus.
Das Eisen schmilzt durch seine Kraft,
damit es neue Werke schafft.
Es ist der goße Lebenslauf:
Das Neue steigt aus Trümmern auf.

Fingerübungen

Fünf hat der Mensch an einer Hand.
Zwei Hände ändern den Bestand.
Er greift damit und hält auch fest.
Dem Angreifer gibt er den Rest.
Die Finger streicheln Zärtlichkeit,
sind auch zu kratzen mal bereit.
Zum Tippen sind die Finger gut.
Und auch zum Wickeln uns'rer Brut.
Sie dringen grob, vielleicht auch fein,
beherzt in fremde Taschen ein.
Doch stoppt man solchen Finger's Zug,
dann war er wohl nicht lang genug.

Führung

Im Leben herrschte Dunkelheit,
der Geist brachte die Helligkeit.
Er bringt das Licht in diese Welt,
das uns in deiner Gnade hält.
Herr, führe du mein Leben an.
Hilf, dass ich mit dir gehen kann.

Der Kohl

Der Kohlkopf sieht dich lachend an.
Sein Eintopf zieht dich in den Bann.
In Deutschland ist er gut vernetzt,
in seinen Küchen fest gesetzt.
Bei Kennern gilt er als ein Fest,
erst recht am nächsten Tag der Rest.

144

Das Ei

Das Ei bringt uns der Osterhas'
und manchmal essen wir's im Glas.
Doch hauptsächlich hat es die Kraft,
mit der es neues Leben schafft.
Hier hilft der Sonne Strahlenflut.
Auch Elternwärme kann das gut.
Die Größe kann verschieden sein,
mal riesengroß, mal winzig klein.
Die Form des Eies ist oval,
rund tritt es auf in großer Zahl.
Was es erschafft, kann laufen, fliegen,
oder faul im Wasser liegen.
Für viele Sprüche ist es gut,
humorig oder auch in Wut.
Dann eiert hier Getriebes Gang
oder der Mensch ein Leben lang.
Doch gibt es auch den armen Tropf,
zu dem man sagt: „Du Eierkopf!".
So sehen wir: zu vielerlei
ist es verwendbar – so ein Ei.

Himmel

Er ist das Synonym für Glück,
holt Mensch aus dieser Welt zurück,
wenn er sich dort an Gottes, statt
mit seiner Kraft verwirklicht hat.
Hier trifft er auch auf Bruder Schmerz
und auf die Liebe, die das Herz
zerreißen und verschenken kann,
gerät in dieses Lebens Bann.
Die Rückkehr ist nicht immer leicht.
Doch hat er dieses Ziel erreicht,
dann breitet sich die Freude aus,
und Mensch erkennt: Ich bin zu Haus.

Das Shoppen

Da dieser Tag ihr offen steht,
beschließt sie, dass sie Shoppen geht
und hilfreich fällt ihr dazu ein:
Die neue Jacke soll es sein.
Nun tauchen leider bei dem Lauf
verschiedene Probleme auf:
Der Ärmel überdeckt die Hand.
Die Jacke ist zu eng und spannt.
Diese fällt bei der Auswahl raus,
da reicht die Qualität nicht aus.
Am Ende kauft sie gar nichts ein.
Nur ihre Füße machen Pein.
Die Frau fühlt sich nun leicht gestresst
und sucht ein anheimelndes Nest.
Da kommt die Freundin gerade recht –
und deren Vorschlag ist nicht schlecht.
Ihr kommt das Café in den Sinn
und beide pilgern sie dorthin.
Beim Shoppen tut sich eben viel.
Das ändert auch schon mal das Ziel.
Und fällt dir nichts zu kaufen ein:
Das Shoppen kann auch Selbstzweck sein.

Der Baum

Potent und gerade aufgestellt
reckt er die Krone in die Welt.
Den Platz hat die Natur gewählt,
nun demonstriert er, dass er zählt.
Wurzeln aus der Dunkelhaft
liefern ihm die Lebenskraft.
Seine Zahl der Ringe zeugt,
wie lang' ihn der Sturm schon beugt.
Doch er hat trotz dessen Macht
kraftvoll sich hierher gebracht,
zeigt sein eindrucksvolles Haupt
mal mit Blättern, mal beraubt.
Wir sehen an ihm wie die Welt,
auch uns, in unser Leben stellt.
Und so wie er vergehen wir,
doch der hält sich meist länger hier.

Hölle

Heiß ist die Hölle, sticht und brennt.
Das ist es, was man von ihr kennt.
Ihr Opfer wird die Seele dann,
wenn man sie überführen kann,
des bösen Lebens Missetat,
wofür sie dann ein Wohnrecht hat.
Es ist die Angst, die das erfand,
den Menschen an die Regeln band.
Wenn er die nach und nach begreift,
so seinem Ziel entgegen reift,
dann braucht er keine Höllenpein.
Er stimmt sich auf den Himmel ein.

Das Vögelchen

In der Schale enger Qual
ist das Tier zum ersten Mal.
Es pickt mit seinem Schnabel hin
und plötzlich ist ein Loch darin.
Nun weitere Impulse noch.
Größer und größer wird das Loch.
Bricht nun die Schale ganz entzwei:
Das kleine Vögelchen ist frei.
Nackt liegt es da, und recht verhärmt,
von seiner Eltern Bauch gewärmt.
Diese geben ihm Geleit
Bis zu dieser schönen Zeit,
wo sein Abschiedswille siegt
und er selbst von dannen fliegt.

Der Fahrstuhl

Der Fahrstuhl ist ein Stuhl, der fährt
nach oben, und auch umgekehrt.
Und wenn du auch vor Platzangst schwitzt,
verbietet es sich, dass du sitzt.
Die Stockwerke verbindet er,
fährt extra dafür hin und her.
Kommt er auf deinen Ruf nicht an,
dann war vor dir ein Andrer dran.
Doch manchmal folgt er deinem Ruf,
wozu der Konstrukteur ihn schuf.
Und fällt der Fahrstuhl einmal aus,
hab nur Geduld. Du kommst schon raus.

Der Eichbaum

Der Eichbaum steht am Waldesrand,
umfasst von da das weite Land.
So Mancher sah ihn schon hier steh'n.
Vom Leben hat er viel geseh'n.
Die Kinder lieben ihn als Traum.
Sie nennen ihn den Kletterbaum.
Da richten sie ein Baumhaus ein,
genießen es, für sich zu sein.
Im Verlauf der Jahreszeit
hört man die Eichkätzchen im Streit.
Ihr Kobel dort ist warm und fest.
Dem Nachwuchs ein vertrautes Nest.
Der jagt sich, wenn er es verlässt,
in wilder Hatz durch das Geäst.
Der Baum verstreut mit reicher Hand
die Früchte in das weite Land.
Er zeigt, dass er das Leben liebt,
indem er Leben weitergibt.

152
Der Fluss

Er fängt in Felsentiefen an,
tritt plätschernd seinen Abstieg an.
Mäander zeichnen seine Bahn.
Er kommt in off'ner Landschaft an,
geht weiter seinen Weg allein,
sammelt die Nebenflüsse ein,
bis er die Endstation erreicht,
dabei durch grüne Wiesen schleicht.
Er endet so im Deltalauf,
dort nimmt das große Meer ihn auf.
Den Badenden begeistert er
und trägt die Schiffe hin und her.
Unten, in der nassen Frische,
tummelt sich die Welt der Fische.
So ist der Fluss des Menschen Freund,
er wird sein Feind, sobald er streunt.
Wenn er sich von dem Bette trennt,
durch Häuser, Wiesen, Wälder rennt
und man ihn nicht mehr wiederkennt.
Urwüchsig wild rauscht seine Kraft,
die diese Grenzzerstörung schafft.
Und Menschenkraft hat dabei leicht
die Grenzen ihrer Macht erreicht.

Fingerring

Er ist der Finger für den Ring,
für dieses kleine runde Ding,
das ihn wenn er es trägt so schmückt,
und seinen Inhaber beglückt.
Verkündet er die Partnerschaft?
Den stillen Strom der Liebeskraft?
Oder ruft dieser Finger aus:
„Mein Herr ist nicht allein zu Haus?"

154
Der Hase

Der Hase hüpft durch Feld und Gras.
Die Feuchtigkeit macht ihn ganz nass.
Gefahren läuft er nicht davon,
zunächst geht er auf Tauchstation.
Er drückt die Nase auf das Feld,
die Ohren hält er flach gestellt.
In dieser Stellung, denkt er schlicht,
sieht ihn der Gegner sicher nicht.
Da fängt der Hund im Schnüffellauf
den Hasenduft begeistert auf.
Und als er ihm zu nahe rückt,
ist unser Hase kaum beglückt.
Abtauchen kann er jetzt nicht mehr.
Da muss das Hakenschlagen her.
Der Waldi wird dabei verwirrt,
weil er sich dabei stets verirrt.
Den Hasen bringt das nicht in Not.
Nur viele Hunde sind sein Tod.

Schöpfung

Der Körper ist von dieser Welt-
Er ist der Seele unterstellt,
damit sie aus Verborgenheit
gestalten kann in Raum und Zeit.
So ist es Körpers Schaffenskraft,
die Seeles Vorstellung erschafft.
Und Gottes Schöpferfreude lacht:
Dies Menschenkind hab ich gemacht.

Schrank

Sei er geräumig oder schlank,
für seine Existenz sei Dank.
Er nimmt die vielen Dinge an,
die er dem Blick entziehen kann,
wenn ungeplant ein Gast erscheint,
dem alles dann geordnet scheint.
Er nährt der Ordnung Illusion,
spricht aller Wirklichkeiten Hohn.
Doch sei nicht zu erwartungsvoll.
Auch so ein Schrank ist einmal voll.

Seelenlicht

Dein Licht lebt in der Dunkelheit.
Sie hält es dunkel in der Zeit.
Es will uns führen durch die Welt,
wo es sich zur Verfügung hält.
Herr öffne mich für dieses Licht,
denn ohne Dich seh' ich es nicht.

Der Vogel

Die Freiheit ist nun eingeschränkt,
es ist der Käfig, der ihn lenkt.
Gitter markieren sein Revier
und dämpfen seine Stimmung hier.
Den Schnabel hat er hochgereckt,
wo sich die Freiheit still versteckt.
So springt er ständig voller Pein
in diese Gitterstäbe rein.
Sein Schnabelrand wird tief verletzt.
Er schmerzt und ist mit Blut benetzt.
Drängt dieses Wesen weiter raus,
bläst es sein Lebenslichtlein aus.
Doch als ein Tuch sein Haus bedeckt,
die Freiheit so vor ihm versteckt,
dann sieht der Vogel sie nicht mehr,
träumt ihr nur traurig hinterher.
Oder er zieht den Schluss daraus:
Die Freiheit, das ist dieses Haus.

Hymne an den Spargel

Die dunkle Ackerkruste bricht.
Die Spitzen streben nach dem Licht.
Die schmalen Sprosse zeigen sich.
Der Spargel ist bereit zum Stich.
Er hat sich grade aufgestellt,
wie es dem Kundenwunsch gefällt.
Wir kennen ihn grün oder weiß.
Die Sehnsucht nach ihm macht uns heiß.
Auf Märkten ist er eine Zier
und halt auch hier.

Der Platzhirsch

Der Platzhirsch röhrt im dunklen Tann:
Rivalen hört mich einmal an!
Das hier ist alles mein Revier
und diese Kühe sind von mir.
Und dem, der mir da widersteht,
zeig ich wie schnell man untergeht.
Nun kommen sie in ganzer Pracht
zum Überprüfen seiner Macht.
Geweihe krachen durch den Wald,
wo machtvoll auch der Brunftruf schallt.
Hat sich ein and'rer durchgesetzt,
ist er der neue Platzhirsch jetzt.
Die Kühe deckt nun er allein.
Die Kühe fügen sich darein.

Sterne

Sie blinken hoch am Firmament.
Sie fragen nicht, ob man sie kennt.
Ob Bildstruktur, ob Einzelstern:
Der Mensch liebt diesen Gruß von fern.
Dem Seemann sind sie Zuversicht,
den Liebenden diskretes Licht.
Doch wenn der müde Zecher dann
am Heimweg Sterne sehen kann,
muss das nicht gleich ein Sternbild sein.
Vielleicht erlegte ihn ein Stein.

Der Schneemann

Er ist allein im weißen Feld,
dekorativ hineingestellt.
Zwei Jungen rollten seinen Bauch
und seinen Oberkörper auch.
Sie setzten darauf noch den Kopf
und den Sombrero mit dem Zopf.
Rot ist die Nase im Gesicht,
Kartoffelaugen für die Sicht.
So ist der Schneemann hingestellt,
der sich bei Frost noch lange hält.
Doch wenn die Frühlingssonne lacht,
dem Winter so den Garaus macht,
dann wird der Schneemann nicht mehr sein.
Was von ihm bleibt ist Rauch und Schein.
So kann der warme Sonnenschein
gelegentlich auch tödlich sein.

Tropfenfreund

Er perlt am Fensterglase ab.
Hüpft leise in das Gras hinab,
wo er dem Wurzelwerk entflieht
und in die großen Tiefen zieht.
Die Quelle fängt ihn sprudelnd ein,
treibt ihn in diesen Bach hinein.
Der geht dann über Stock und Stein.
Es finden sich Genossen ein.
Und schließlich geht der Wasserlauf
als Fluss in Meeresweiten auf.
Der Tropfen flieht aus diesem Bann.
Ihn zieht die Sonnenwärme an.
Bald hält ihn eine Wolke fest,
die ihn als Regen bald entlässt.
Die Scheibe sieht ihn voller Glück.
Sie hat den Tropfen nun zurück.
Wo bist du denn nur rumgestreunt?
Sei mir willkommen, Tropfenfreund.

Die Blüte

Geht einer Knospe Leben aus,
schmückt eine Blüte sich heraus,
und die bisher verdeckte Pracht
wird aller Welt sichtbar gemacht.
Die Blüte aber, voll Elan,
tritt ihren Dienst am Leben an.
Das hat die Biene schon entdeckt
und deren Neugier ist geweckt.
Sie summt heran zum Honigraub,
entführt damit den Blütenstaub,
den sie der nächsten Blüte lässt,
für die ein Nachwuchszeugungsfest.
Die Blüte hat ihr Ziel erreicht.
Der Abschied fällt ihr daher leicht.
Sie bietet ihre Samen an,
damit der Nachwuchs leben kann.
So endet nun ihr Erdenlauf,
die Lebensmasse nimmt sie auf.

Wasser

Es ist mal leise, macht auch Krach.
Es kommt in Wellen oder flach.
Es steigt mal auf, fällt auch zurück.
Es bringt Bedrohung oder Glück.
Es löscht das Feuer wild und heiß.
Es wird in Kälte auch zu Eis.
Es bringt uns Leben und den Tod.
Steht es am Hals, sind wir in Not.

Die Kirchenmaus

Sie hat ein ansehnliches Haus
und geht aus diesem nicht heraus.
Im Beichtstuhl hat sie sich versteckt.
Da ist sie bisher unentdeckt.
Die Futtersuche fällt ihr schwer,
zu fressen gibt das Haus nichts her.
Die Hostien sind ganz tabu,
denn die Behälter bleiben zu.
Schuhe, Taschen, Gürtelband
bieten zwar so allerhand,
doch leider kommt sie nicht heran,
die Menschen lassen sie nicht dran.
Die Maus erkennt nach kurzer Frist,
wie schwer das Kirchenleben ist.
So langsam geht die Nahrung aus.
Sie ist halt arm, die Kirchenmaus.

Der Mond

Man sieht ihn hoch am Himmel steh'n.
Er ist mal ganz, mal halb zu seh'n.
Und wenn der Mond sein Licht versteckt,
hat ihn die Erde zugedeckt.
Er ist der Sonne Spiegelbild,
stimmt unsere Gefühle mild.
Er regt die Fantasien an
und schlägt die Sehnsüchte in Bann.
Gelassen zieht er durch die Nacht.
Sie ist die Quelle seiner Macht.
Doch drängt das Sonnenlicht heraus,
macht Mann im Mond die Lampe aus.
Und dieses Mythenwesen spricht:
„Bis morgen! Und vergiss mich nicht."

Navi

Das Navi das ist eine Wucht,
es zeigt den Weg dem, der ihn sucht.
Der Autofahrer kommt ins Ziel,
der Radfahrer wohin er will
und der Tourist in einer Stadt
kommt klar, wenn er ein Navi hat.
Es führt durch Straße, Pass und Weg
und findet notfalls jeden Steg.
Durch Sprache und mit Kartenbild
steuert es nachdrücklich und mild.
Es macht die Orientierung leicht
und meutert, wenn man mal abweicht.
Doch hast du nicht ganz aufgepasst,
endet der Weg leicht im Morast
und Navi sagt erfrischend leicht:
Sie haben nun ihr Ziel erreicht.

Die Socke

Man sieht es einer Socke an,
was sie am besten leisten kann.
Sie wärmt die Füße groß und klein.
Sie schützt und schmückt sie obendrein.
Es gibt die Socke kurz und lang.
Im Winter macht ihr Fehlen krank.
Maschinen- oder handgestrickt,
ist sie mal gut, mal schlecht geglückt.
Und wenn sich jemand mal verkracht,
sich eilig auf die Socken macht,
sind auch die Schuhe ein Gewinn,
sonst sind die Socken schnell dahin.
Die Farbe, die die Socke ziert,
ist nach Geschmack differenziert.
Doch wer die rote Socke wählt,
wird leicht politisch ausgezählt.

Täuberich der Stadt

Er gurrt mit stolzgeschwellter Brust.
Die Taube flieht vor seiner Lust.
Er folgt ihr auf den Straßenbaum.
Sein Werben interessiert sie kaum.
Der Hunger meldet sich mit Wucht.
Da streicht er durch die Straßenflucht,
sucht was der Mensch da fallen lässt,
mal Almosen und mal ein Fest.
Die Welt um ihn ist karg und laut,
wenn sich der Autokorso staut.
Und als er dann in dunkler Nacht
auf dieser Straße Siesta macht,
da schlägt das Auto herzhaft zu,
schickt ihn ins Reich von Winnetou.

Ende einer Stadtmaus

Die Maus streunt suchend durch die Stadt.
Vor Hunger ist sie müd und matt.
Die Straße gibt da nicht viel her.
Schon lange findet sie nichts mehr.
Dort lädt ein Kellerfenster ein.
Wird da etwas zu finden sein?
Hier steht ein Schrank, dort ein Regal,
und es gibt Schrott in großer Zahl.
Das Stückchen Käse fällt ihr auf.
Sie nähert sich in schnellem Lauf.
Voll Freude beißt die Maus hinein.
Es soll ihr letztes Beißen sein.
Das Herz der Maus bleibt damit steh'n.
Sie hat den Bügel nicht geseh'n.

Das Bett

Es ist als Doppelbett bekannt.
Steht auch als Klappbett an der Wand.
Als Einzelbett ist es allein.
Das kann in zwei Etagen sein.
Hier liegt der Leidende auf Zeit.
Hier wird der Sterbende befreit.
Bei eines Menschenlebens Start
hat Bett einen zentralen Part.
Es hilft beim Ruhen und Entsteh'n,
bei Leiden und zu Ende geh'n.
Ob Freude, Trauer oder Leid,
das Bett begleitet durch die Zeit.
Vom Lebensanfang bis zum Tod
ist so ein Bett ein Angebot.

Der Wind

Er spornt den Flug des Samens an,
damit der sich verbreiten kann.
Und diesen Segler auf dem Meer
treibt er gelassen vor sich her.
Man spürt ihn, doch man sieht ihn nicht.
Er lebt im Dunkel und im Licht.
Als Hauch umschmeichelt er das Reh.
Macht Katzenpfoten auf dem See.
Des Windes Möglichkeit ist groß.
Doch lässt er seine Kräfte los,
gerät er außer Rand und Band,
verbreitet schrecken in dem Land.

Die Hose

Die kleine Hose ziert das Kind.
Gelegentlich ist sie aus aus Wind.
Sonst ist die Hose Menschenwerk,
schmückt ihn vom Riesen bis zum Zwerg.
Mal schlanker Schnitt mal Beine rund,
mal fest und rauh, mal seidig bunt.
Sie kann zerlumpt und schmutzig sein,
fängt auch den Blick verlockend ein.
Und fragst du mich: „Wer hat sie an?":
Mal ist's die Frau und mal der Mann.

Das Brett

Dem Springer ist es eine Lust
und einem Waschbrettnutzer Frust.
Dem Bügler ist es förderlich.
Als Zaun wird es leicht hinderlich.
Das Brett ist glatt auch angeraut,
ist zierlich und massiv gebaut.
Schmal kann es sein oder auch breit.
Für jeden Dienst steht es bereit.
Aus Holz ist es im Regelfall.
Im Haushalt nützt es überall.
Es ist ein Zubehör am Bau,
auch Surfgerät in Meer und Au.
Das Brett ist hilfreich, wird geliebt.
Nur vor dem Kopf ist's unbeliebt.

Das Haus

Es war mal Laube, Höhle, Zelt
und heute wird ein Haus erstellt.
Aus Holz, Beton oder auch Stein
soll es dem Menschen Heimat sein.
Damit es die Familie schützt,
zum Bergen dem Besitzer nützt.
Da sind die Kliniken zu Haus,
Behörden breiten sich hier aus
und viele in der ganzen Welt
verzichten dafür auf das Zelt.
Häuser sind allgemein geliebt,
wenn's weltweit auch zu wenig gibt.
Und wer ein Haus hat, hält es fest.
Es ist eben ein warmes Nest.

German Angst

Deutschland ist mächtig und autark.
Es ist als Land vital und stark.
Europa ist sein Lebensborn.
Es steht in seinem Leben vorn.
Dort nutzt es seine Möglichkeit,
steht auch zu Hilfe stets bereit.
Doch eines ist verwunderlich:
Die Deutschen fürchten sich vor sich.

Die Straßenbahn

Die Straßenbahn gleicht einem Bus,
der auf der Schiene fahren muss.
Zielstrebig geht sie vor nach Plan,
strebt ihre Ziele kraftvoll an.
Richtung zu halten fällt ihr leicht,
doch wenn ein Hindernis nicht weicht,
dann überfährt sie's, wenn sie kann
und notfalls hält sie auch mal an.
Oh Mensch, sei wie die Straßenbahn,
geh' deine Ziele kraftvoll an.
Doch stell'n sich Widerstände ein,
kann auch ein Bus ganz praktisch sein.
Das Vorwärtskommen bleibt besteh'n,
kann nach dem Schlenker weiter geh'n.
Verlieren wirst du da nicht viel,
doch dafür kommst du an dein Ziel.

Das Tor

Es öffnet deinen Weg hinaus
und es verschließt dir auch das Haus.
Ist aus Metall oder aus Holz.
Durchlass verweigert es mit Stolz.
Zwingt jedem seine Regeln auf,
der durch will in direktem Lauf.
Es schützt dich und es schließt dich ein.
Und hinter ihm bist du allein.
Damit es sich dir öffnen kann,
wende nur seine Regeln an.
Denn trittst du mit dem Fuß davor,
dann tust du dir nur weh du Tor.

Das Rad

Es dreht sich schnell, mal langsam nur.
Es treibt die Mühle und die Uhr
und was man sich nur denken kann.
Es treibt das halbe Leben an.
Das Rad bewegt jedes Gewicht.
Es ist mit Speichen oder nicht.
Die Straße fühlt sich kürzer an,
wenn Rad dich transportieren kann.
Nur ohne Stoßdämpfer im Bund,
ist es zwar ebenfalls ganz rund.
Doch wenn die Straße löchrig ist,
kann's sein, dass du gerädert bist.

Die Straßenlaterne

Bereitwillig streut sie das Licht,
verschenkt es reichlich, knausert nicht.
Dem späten Zecher ist sie Wacht,
zeigt ihm den Heimweg durch die Nacht.
Und hat er viel geladen noch,
hilft sie der Hand zum Schlüsselloch.
Seit Jahren sieht man sie hier steh'n.
Viel Leben konnte sie schon seh'n.
Hat erst mit Gas die Welt erhellt,
wurde auf Strom dann umgestellt.
Das Alter hat sie arg geplagt.
Der Zahn der Zeit an ihr genagt.
Doch ihrem Auftrag blieb sie treu,
strahlt nun in LED wie neu.

Der Abfall

Es kann Papier und Plastik sein.
Auch Biomüll fällt uns noch ein.
Und alles, was es dann noch gibt
ist, was man auf den Müllberg schiebt.
Man wirft den Rest als Abfall weg.
Die Müllverbrennung ist sein Zweck.
Das Feuer frisst den Müllbasar
behände wie ein Läuferstar.
Doch fällt der ab ist er fürwahr
nicht wie der Abfall wegwerfbar.

Der Adler

Das Segeln ist des Adlers Kunst.
Auf Luftkissen im Morgendunst.
Auf Berg und Tal, Wiesen und Seen,
die eleganten Runden dreh'n.
In Schleifen und Spiralentour,
als Paar oder alleine nur.
Die Schwingen, weit hinaus gespannt,
tragen ihn kunstvoll durch das Land.
Dann treibt der Hunger ihn herab.
Die Gämse setzt sich eilig ab.
Doch seine Fänge sind zu schnell.
Sie graben sich in Zickleins Fell.

184
Der Hund

Das Rudel ist des Hundes Welt.
Er ist nicht gern auf sich gestellt.
Hat er den Menschen anerkannt,
zu seinem Leittier ihn ernannt,
opfert er sich bedingungslos
und seine Treue ist dann groß.
Er liebt ihn und verteidigt ihn,
wird für ihn auch zu Felde zieh'n,
als Haus- Jagd-, oder Hütehund.
Seine Palette ist da bunt.
Er tut die Dienste für ihn gern.
Doch braucht er auch den Schutz des Herrn.
Der gibt Geselligkeit und führt,
und auch das Futter wird serviert.
Der Hund bringt Zuwendung und Glück.
Was er bekommt, gibt er zurück.
Er bringt in manches Leben Licht.
Kind oder Partner ist er nicht.

Der Igel

Er wohnt da hinten im Geäst,
in diesem Haufen Reisigrest.
Bei Dämmerung kommt er heraus,
stößt schniefend seinen Atem aus.
Den Wurm und Kleingetier sucht er.
Am Abend ist sein Magen leer.
Hier steht die Milch im Abendrot,
die ihm der Gartenhalter bot.
Nur wenn der Haushund ihn bedrängt,
ihm zuviel Interesse schenkt,
rollt er sich ein, fährt Stacheln raus
und gibt sich so als Kugel aus.
Einem Hund ist das nicht recht.
Das zugreifen bekommt ihm schlecht.
Der Igel hält sich gern bedeckt,
wenn Hund verblüfft die Wunden leckt.

Der Kopf

Der Kopf ist auf den Leib gestellt.
So übersieht er diese Welt.
Und in der Tiefe seiner Stirn
wohnt die Zentrale: Das Gehirn.
Beim Auto ist er auch bekannt,
und da Zylinderkopf genannt.
Wirkst auf den Schraubenkopf du ein,
dreht sie sich raus oder auch rein.
Des Kopfbahnhofes Eigenheit:
Die Züge fahren dort nicht weit.
Man steigt da ein oder auch aus,
aber nur rückwärts geht es raus.
So geht das Leben seinen Gang.
Es dauert kurz und manchmal lang.
Missglückt es einmal aus Verseh'n,
dann kannst du auch kopfheister geh'n.
Der Kopf stellt sich als Prachtstück dar
und ohne bist du in Gefahr.
Die Hydra ist da besser dran,
die über mehr verfügen kann.
Fällt davon auch mal einer aus,
dann wird ein neuer Kopf daraus.
Doch für den Menschen ist das Mist,
weil er halt keine Hydra ist.

Der Daumen

Er ist der Kürzeste der Hand.
Und doch beherrscht er den Verband,
weil eine Hand nur wenig nützt,
die nicht der Daumen unterstützt.
Er ist der Zwerg, der Däumeling.
Das Umfeld fügt sich seinem Wink.
Zeigt er nach oben, steigt es auf.
Zeigt er nach unten gibt es auf.
Er deutet die Erfahrung an,
dass auch das Kleine groß sein kann,
wenn es im Leben einmal brennt
und nur der Zwerg die Spritze kennt.

Der Mähdrescher

Der Saurier ist eine Qual.
Die Straße ist ihm viel zu schmal.
Nichts gibt es, kommt er auf das Feld,
was sich der Kraft entgegenstellt.
Sie löst das Korn aus seinem Bett,
Das Stroh wird Futter- Düngerset.
Zerstörung heißt die große Kraft,
mit der er neues Leben schafft.
Denn wo das Neue aufersteht
ist altes, was zu Ende geht.

Der Mops

Der Mops hat einen platten Mund.
Man glaubt es kaum, er ist ein Hund.
Er schließt sich einem Leittier an,
hängt sich an dessen Leben dran.
Er frisst das Hundefutter gern
und er verteidigt seinen Herrn.
Er geht auch Gassi und er bellt,
wenn er etwas für feindlich hält.
Doch dieses Tier, als Hund bekannt,
wirkt wie vor eine Wand gerannt.
Den echten Fan bringt's nicht in Not,
mopst es ihm auch die Wurst vom Brot.
Aber verzichtet er darauf,
gibt er den Sinn des Lebens auf.

Der Regen

Die Wolken sind sein Elternhaus.
Sein Startloch in die Welt hinaus.
Er haucht den Wesen Leben ein.
Ist Partner für den Sonnenschein.
Und wenn sein Matsch die Welt bedrückt,
dann ist das Kinderherz beglückt.
Durch ihn entfesselt sich der Bach.
Er treibt die Menschen unters Dach.
Und ist rundum kein Schutz zu seh'n,
dann bleiben sie im Regen steh'n.

Der Hering

Er gibt sich flott und elegant.
Bewegt sich schillernd im Verband.
Die Atemluft lockt ihn nicht sehr.
Dafür bevorzugt er das Meer.
Vielfalt entwickelt er am Schluss,
als Matjes, Bismarck ein Genuss.
Gebraten schmeckt er und im Rauch.
Der Rollmops löst den Kater auch.
Genuss in vielerlei Gestalt.
Daher wird er nur selten alt.
Und kommt der Hering auf den Tisch,
dann isst man was er ist: halt Fisch.

Der Stadtbaum

Er steht alleine in der Stadt,
die ihn hierher verschlagen hat.
Die Hunde heben hier das Bein.
Der Stadtverkehr nebelt ihn ein.
Die Häuser nehmen ihm die Sicht,
beengen seinen Drang zum Licht.
So ist er unter Druck gesetzt,
weil dieses Umfeld ihn verletzt.
Doch nimmt er alles das in Kauf.
Er saugt die Giftmischungen auf
und atmet er dann wieder aus,
stößt er noch Sauerstoff heraus.
Da kommt ein Mensch in diesem Ruß,
pflanzt Blumen ein an seinem Fuß.
Den Baum ermutigt diese Tat,
weil man ihn wahrgenommen hat.
So willigt er aufs Neue ein,
der Welt ein Lebensborn zu sein.

Der Pflasterstein

Die Straße nennt es unerhört.
Der Pflasterstein hat sie zerstört.
Sie hatte sich an ihn gewöhnt.
Nun fühlt sie sich von ihm verhöhnt,
weil er dem Truck nicht widerstand
und unter seinem Druck verschwand.
Er sagt nicht „tschüss", ist einfach fort.
Nun ist ein Loch an seinem Ort.
Doch das kann keine Hilfe sein.
Ein Loch ist halt kein Pflasterstein.

Der Schleier

Als Nebel zieht er durch das Land.
Der Braut reicht schmückend er die Hand.
Dem Wort nimmt er die Klarheit weg.
Dem Räuber hilft er im Versteck.
Er zeigt und er verbirgt zugleich.
Er zeichnet die Konturen weich.
Und wird ein Sinn nicht gleich erkannt,
dann wird er schleierhaft genannt.

Die Schwalben

Im Kuhstall schweben sie im Raum.
Ihr leises Schnalzen hört man kaum.
Ihr Nest da oben ist belebt,
an einen Balken angeklebt.
Fünf Kinder gieren aus dem Nest,
halten sich an der Kante fest.
Sie reißen ihre Schnäbel auf
und fordern ihre Eltern auf:
„Wir brauchen euer Futter doch,
denn sonst verhungern wir euch noch".
Ob Indoor- oder Outdoorflug,
die Eltern fangen Zug um Zug
Käfer, Mücken frei im Flug,
doch für die Kinder nie genug.
Im Frühjahr kommen sie nach Haus,
der Herbst zieht in die Welt hinaus.
Auf Wechsel sind sie eingestellt.
Und Zugvögel in dieser Welt.
Sie haben keine Ruhe hier.
Da sind sie manchmal so wie wir.

Der Sessellift

Dem Gamsbock ist es eine Qual.
Ein Sessellift steigt aus dem Tal.
Er lässt die Menschenflut vom Band.
Touristen überzieh'n das Land.
Der Gamsbock hadert vor sich her,
versteht das Leben gar nicht mehr.
„Ich renne hier mit Mühe rauf
und die hier sesseln sich hinauf."
Der Gamsbock findet das nicht gut.
Und er gerät in helle Wut.
Sagt: „Für das Land ist das doch Gift."
Er hat halt keinen Sessellift.

Die Wand

Sie ist schon gut, so eine Wand
und eignet sich zu allerhand.
So prägt sie die Struktur im Haus
und lässt die Wärme nicht heraus.
Als Grundstücksgrenze aufgestellt
schützt sie vor Neugier dieser Welt.
Und ist sie dort von grün bedeckt,
wo sich ein Vogelnest versteckt,
dann hat sie sich als schützend Zelt
dem Leben in den Dienst gestellt.
Sie gibt unserem Leben Schutz,
trägt Farbtapeten oder Putz.
Den Schrank, das Bild und das Regal
erträgt sie sicher alle Mal.
Und rennst du einmal vor die Wand,
dann spürst du ihren festen Stand.

Der Stuhl

Er nützt beruflich und privat,
hat Beine oder fährt mit Rad.
Armstützen hat er oder nicht.
Gebaut auch für das Schwergewicht.
Der Stuhl steht für Revierhoheit.
Ein Leben lang oder auf Zeit.
Und wer die Ambitionen hat,
auf diese an Besitzers statt,
der sägt den Stuhl beharrlich an,
damit er übernehmen kann.

Der Sturm

Sein Ausbruch ist elementar.
Danach ist nichts mehr wie es war.
Sein Wellenschlag spielt mit dem Schiff,
wirft es mit Leichtigkeit aufs Riff.
Die Bäume brechen im Verband
und Dächer fliegen durch das Land.
Der Sturm ist diese tiefe Kraft,
die eine neue Welt erschafft,
weil altes in die Brüche geht
und neues daraus aufersteht.

Der Turm

Auf ewig in die Welt gestellt
schützt er das Pulver und das Geld.
Er bringt der Festung ihre Kraft,
dem Schuldner seine Dunkelhaft.
Er lässt nicht rein, er lässt nicht raus.
Gewaltversuche hält er aus.
Er zeugt von Größe und von Macht,
hat uns dem Himmel nah gebracht.
Doch Babel sagt das wird vergeh'n,
wenn Menschen sich nicht mehr versteh'n.

Die Ecke

Sie eignet sich gut als Versteck.
Geht man herum, dann ist man weg.
Das Phänomen ist zu versteh'n:
Man kann nicht um die Ecke seh'n.
Es gibt jedoch auch diese Tat,
die mancher schon begangen hat:
Bringt um die Ecke man den Feind,
ist klar dass er nicht mehr erscheint.
Doch eine Folge davon ist:
Vielleicht kommt dann der Polizist.

Die Sterne

Sie führen Schiffe übers Meer.
Sind Wegweiser im Fernverkehr.
Sie haben nach durchzechter Nacht
den müden Zecher heimgebracht.
Sie sind dem Koch ein Prädikat.
Ein Rangabzeichen dem Soldat.
Bleibst du in Einsamkeit allein,
kann Sterntaler dir Hoffnung sein.
Die Sterne, eine Himmelsmacht,
sind Hoffnung in der dunklen Nacht.
Sie ziehen leuchtend ihre Bahn
und regen uns're Träume an.
Doch siehst du Sterne ohne Bahn,
dann hast du dir wohl wehgetan.

Die Stirn

Sie ist ein Teil der Schädelwelt.
Nach vorne in den Wind gestellt.
Da schützt sie Leben diese Stirn,
denn hinter ihr ist das Gehirn.
Und das, was sie zusammenhält,
ist Steuerung der Menschenwelt.
Die Stirn steht für des Menschen Macht,
die an dem Widerstand erwacht.
Doch bietet dieser Mensch die Stirn,
nutzt zur Verstärkung auch das Hirn.

Geld

Das Geld hat die immense Kraft,
die Wohlstand und auch Süchte schafft.
Es kann mal knapp, mal reichlich sein,
als Buchgeld oder auch als Schein.
Es gibt uns Kraft oder auch Not,
beschert uns Leben oder Tod.
Zum Geld sagt uns das Einmaleins:
Gibst du es aus, dann hast du keins.
Fehlt dir zum Warten die Geduld,
gehst du bei Freund und Bank in Schuld.
Doch zahlst du es nicht mehr zurück,
ist es zu Ende mit dem Glück.
Dabei fällt dir dann vielleicht ein:
Das Leben kann auch einsam sein.

Die Wolke

Sie trägt das Wasser durch die Welt.
Entscheidet wo es runter fällt.
Sie unterbricht den Sonnenstrahl.
Nur wo sie fehlt kommt er ins Tal.
Sie reguliert der Sonne Licht,
ist durchsichtig und manchmal dicht.
Diffus ist eine Wolke gern,
lässt Licht durch, hält es zugleich fern.
Sie nähert sich der Rede an,
die sich nicht präzisieren kann.
Sie gibt sich klar, kommt unklar raus.
Sie drückt sich eben wolkig aus.

Haare

Sie wachsen gerne auf dem Kopf.
Man sieht sie schütter, auch als Zopf.
Dünn sind die Haare oder dick,
als wilde Mähne oder schick.
Gegelt sind Haare je nach Brauch.
Als Locken findet man sie auch.
Sie färben sich im Alter ein
und auch der Farbtopf kann es sein.
Der Varianten große Zahl
macht allen Schönheitsdrang zur Qual.
Doch frei von allem ist der Tropf
mit ohne Haaren auf dem Kopf.

Kabeljau

Der Fischer sagt zu seiner Frau:
„Da draußen schwimmt der Kabeljau."
Bei reduziertem Tageslicht
kommt dann das Abendmahl in Sicht.
Da sagt der Fischer zu der Frau:
„Da draußen fehlt ein Kabeljau."

Luft

Sie trägt das Flugzeug hoch hinauf,
bläst Luftballons die Hülle auf.
Sie gibt den Autoreifen Kraft.
Dem Läufer hilft sie, dass er's schafft.
Sie ist an jedem Ort präsent.
Ihr ist egal, ob man sie kennt.
Ihr Hauch erfüllt die ganze Welt.
Sie ist auf Zukunft eingestellt,
umgibt das Leben und den Tod.
Sie lebt in Überfluss und Not,
ist Kind des Dunkels und des Lichts.
Doch wer sie sucht, der findet nichts.

Die Jacke

Sie schmückt den Träger, hält ihn warm,
ob reich begütert oder arm.
Sie dient zu jeder Jahreszeit.
Ist schlank geschnitten oder weit.
Die Jacke zeigt den Status an,
bei Frau genauso wie bei Mann.
Hängt sie im Schrank in großer Zahl,
wird die Entscheidung schnell zur Qual,
für welchen Zweck denn welche passt.
Das Leben ist schon eine Last,
wenn du die falsche Jacke wählst
und so als Außenseiter zählst.

Brummerflucht

Den Brummer hält es nicht im Haus.
Die Fliege schimpft ihn immer aus.
Und da das seine Nerven stört,
weil er ständig ihr Summen hört,
macht er die Fliege in dem Krieg,
lässt sie zurück mit ihrem Sieg.

Sand

Er rieselt leise aus der Hand.
Aus Stein geworden ist der Sand.
Er brach als Felsenbrocken auf.
Das Klima rieb ihn danach auf.
Er lädt am Strand zum Sonnenbad,
bestimmt des Mörtels Härtegrad.
Und dass der Springer landen kann:
Der Sand bietet sich dafür an.
Er gibt sich weich und anschmiegsam,
obwohl er Beton härten kann.
Doch greift man herzhaft nach den Sand,
verrieselt er unter der Hand.

Stein

Der Stein ist hart oder auch weich.
In grauer Vorzeit liegt das Reich,
in welchem seine Wiege stand,
von der den Weg er zu uns fand.
Er baut die Straße und das Haus.
Gebirge bilden sich daraus.
Er bietet sich dem Künstler an,
der ihn zum Kunstwerk formen kann.
Verlässlich und stabil zu sein,
das glauben wir dem Werk aus Stein.
Doch ist ein Stein des Herzens Kern,
dann liegt uns so ein Wesen fern.

Erde

Sie trägt das Leben, gibt ihm Kraft,
die es aus seinen Keimen schafft.
So trägt sie Haus, Straße und Baum
und auch das Schloss aus unser'm Traum.
Sie saugt die Wassermassen an,
die sie dem Leben spenden kann.
Ihr off'nes Herz nimmt alles auf,
was kommt in ihren Lebenslauf
und fragt sich vielleicht dann und wann,
wie lange sie das tragen kann.

Das Wasser

Das Wasser ist der schöne Saft,
der uns so viele Hilfen schafft.
So lädt es uns zum Baden ein,
kann auch bei Feuer nützlich sein
und wenn man mal nichts and'res hat,
trinkt man das Wasser auch anstatt.
Alle Natur, gesamt geseh'n,
kann ohne Wasser nicht besteh'n.
Tritt Wasser auf im Übermaß,
sammeln wir es im Wasserfass,
damit, auf unser Beet gelenkt,
es seinen Pflanzen Leben schenkt.
Wir schaffen Strom mit Wasser's Flut,
begrenzen damit Feuers Glut.
Es ist bei aller Lebenskraft
die Zähmung, die das Leben schafft.

Der Flieger

Die Lüfte sind sein Jagdrevier.
Galant und zügig streift er hier.
Mit Düsen- und Propellerkraft
erreicht er hier die Luftherrschaft.
Er gleitet über Land und See
gekonnt und flott von A nach B.
Und diese schwarze Kugel dort,
die brummend zieht von Ort zu Ort,
sie kreist und kurvt so gut sie kann.
Das ist der Fliege Ehemann.

Das Auge

Das Auge hat den Kugelblick
mit eingebautem Irisschick
Es sieht in Dämmerung und Licht.
Es rollt manchmal oder es sticht.
Drückst du einmal ein Auge zu,
heißt das: „Ich lass dich jetzt in Ruh".
Und wenn dir was ins Auge sticht,
das lockt, doch das verletzt dich nicht.
Wirfst du ein Auge zu vor Glück,
dann hoffst du, es kommt eins zurück.
Ein Augenblick ist kurze Zeit.
Vorsicht! Die Dauer ist nicht weit.
Ergreifst du diesen Augenblick,
dann hast du Pech, oder auch Glück.
Das Auge führt uns durch die Welt,
solang das Licht den Tag erhellt.
Fällt dann die Dunkelheit herab,
dann schaltet sich das Auge ab,
sagt dir vergnügt und abtrünnig:
„Bis morgen früh. Ich melde mich".

Das Erdreich

Es ist dem Samen Lebensnest
und hält auch seine Pflanze fest.
Der Fuchs gräbt seinen Bau hinein.
Er soll dem Nachwuchs Zuflucht sein.
Und wenn der Fuchs ihn dann verlässt,
wird er vielleicht dem Dachs ein Nest.
Der Mümmelmann duckt sich hinein,
um sicher vor dem Feind zu sein.
Es dient dem Leben wo es kann,
bietet ihm Schutz und Wohnung an.
Und schließt ein Leben seinen Lauf:
Das Erdreich nimmt es wieder auf.

Das Leder

Es ist von Krokodil und Schwein,
kann auch von Nerz und Schlange sein.
So manches Tier wird noch genannt,
als unser Lederlieferant.
Wir nutzen Leder für den Schuh,
Mantel und Tasche auch dazu.
Motorradkluft und Jackenschick:
Die Lederkleidung fängt den Blick.
Es gilt als Material von Stand.
Sein Imagewert liegt auf der Hand.
Es schmückt uns, doch es ist vertrackt:
Die Tiere werden dabei nackt.

Der Eintopf

Der Eintopf ist ein Leibgericht.
Das Leben ohne lohnt sich nicht.
Mit Erbsen, Bohnen, Möhren, Lauch,
mit Räucherwurst und Kassler auch.
Kartoffeln noch. Der Kenner weiß,
sie ist schon lecker, diese Speis'.
Erwartet er sie irgendwo,
trabt er dafür bis ultimo.
Und ganz besonders, das steht fest,
schmeckt ihm der aufgewärmte Rest.

Der Leisten

Der Leisten gibt dem Schuster an,
wie er sein Werk gestalten kann.
Und dazu kann er allgemein
der Maßstab aller Werke sein.
So wird der Leisten irgendwann
zum Maßstab, was der Meister kann.
Ob er bei seinem Leisten bleibt,
oder ob es ihn weiter treibt,
das deckt in seinem Lebenslauf
die Risikobereitschaft auf.
Das neue Ufer schlägt in Bann,
wobei der Weg auch scheitern kann.
Ob ihm der neue Leisten steht,
merkt aber nur, wer den Weg geht.

Das Ohr

Es hört mal gut und manchmal schlecht,
was ihm tabu ist, hört's erst recht.
Und wenn es mal nichts hören will,
dann legt es sich ganz einfach still.
Der Ohrwurm drängt dem Ohr sich auf.
Das nimmt es dann zur Not in Kauf.
Er dringt über die Muschel ein.
Das kann nicht die im Wasser sein.
Denn dort ist unser Ohr nur dann,
wenn sein Besitzer tauchen kann.

Werbung

Die Werbung hat dein Geld im Blick.
Sie gurrt: „Nimm das, es macht dich schick."
Das so verdeckte Schmeichelspiel
hat Umsatzförderung zum Ziel.
Läßt du dich auf den Lockruf ein,
wird seine Quelle glücklich sein
und raunt mit ihrer nächsten List:
„Ich weiß, wie du noch schicker bist."

Der Clochard

Seine Karriere brach er ab,
denn dieser Stress grub ihm das Grab.
Die Partnerin hielt ihn nicht aus.
Sein Trinken trieb sie aus dem Haus.
Auch seine Kinder zogen weg,
so suchte er sich ein Versteck.
Aus Holz, mit Plastik überdacht,
hat er im Wald ein Haus gemacht.
Er fühlt sich wohl in diesem Nest,
hofft, dass die Staatsmacht ihn da lässt.
Er lebt von Wald- und Feldesfrucht,
die er sich da zusammensucht.
Nun sitzt er da am Straßenrand,
reicht den Passanten seine Hand,
die zwischen Mantel, Kleid und Schuh'n
ihm Kleingeld in die Mütze tun.
An Mitteln braucht er ja nicht viel.
Einfach zu leben ist sein Ziel.
Bei ihm ist Friede eingekehrt,
der ihm Gelassenheit beschert.

Herstellung und Verlag: BoD – Books on Demand, Norderstedt
© 2022 Herausgeberin: Wanda Fuß (geb. Seifert), Lengsdorfer Hauptstraße 61, 53127 Bonn
ISBN: 9783755702269
Autor: Gottfried Seifert, Münster
Gestaltung: Andrea Martens, Bonn
Fortführung grafische Begleitung: Stephanie Gruschka, Bonn